INICIAÇÃO E LIBERTAÇÃO

INICIAÇÃO E LIBERTAÇÃO

2024

Pentagrama
publicações

Título original:

INICIAÇÃO E LIBERTAÇÃO

2024

Impresso no Brasil

Capa e Projeto gráfico: Mônica Jackson

Diagramação: Lumiar Design

Dados Internacionais de Catalogação na Publicação (CIP)
(Câmara Brasileira do Livro, São Paulo, Brasil

Iniciação e libertação. -- 1. ed. -- Jarinu, SP :
Pentagrama Publicações, 2024. -- (Renovação ; 6)

Bibliografia.
ISBN 978-65-86863-06-2

1. Autoconhecimento 2. Consciência
3. Espiritualidade 4. Gnosticismo
5. Rosacrucianismo - Discursos, ensaios,
conferências 6. Rosacrucianismo - Filosofia
7. Rosacrucianismo - História I. Série.

24-196842 CDD-299.932

Índices para catálogo sistemático:
1. Rosacrucianismo : Conferências : Gnosticismo :
Religião 299.932

Aline Graziele Benitez - Bibliotecária - CRB-1/3129

Rua Heitor Peixoto, 588 - Cambuci - São Paulo - SP - 01543-020
www.pentagrama.org.br/

SUMÁRIO

PREFÁCIO

A Escola da Rosacruz Áurea tem como objetivo não apenas transmitir conhecimento, mas também promover uma genuína transformação na consciência humana.

Esse processo interior, denominado "iniciação" pelos antigos, não é simplesmente uma retomada dos métodos iniciáticos do passado, mas sim um novo caminho de autoiniciação, adaptado às necessidades do ser humano contemporâneo.

Nesse contexto, o ensinamento espiritual é visto não como um conjunto de regras a serem seguidas, mas como um nutriente para a alma, conferindo significado à existência e orientando o indivíduo rumo à libertação da consciência e à sua plena realização espiritual.

Esse ensinamento é universal e atemporal, presente nos textos sagrados de diversas tradições, desde o taoísmo, o budismo e o cristianismo até as tradições dos povos originários, como os povos pré-colombianos das Américas.

Ao reconhecer que todos que efetivamente trilham o caminho espiritual transcendem a barreira da separação e alcançam o campo da unidade, podemos identificar uma única Fraternidade da Vida que acompanha a humanidade desde tempos imemoriais, oferecendo assistência e orientação.

Nessa jornada espiritual, o trabalho da Escola Espiritual Contemporânea da Rosacruz Áurea reflete a tríplice manifestação de todas as escolas ligadas à Fraternidade da Vida: a praça como local de encontro, o templo como laboratório da alma e o santuário como forja do espírito.

Esses espaços representam o acolhimento, a transformação e a irradiação do sagrado fogo espiritual, respectivamente.

Assim, no ápice dessa jornada está o contato com o corpo vivo cósmico da Fraternidade da Vida, culminando na missão de manter aceso o fogo espiritual, irradiando sua luz para todos e curando as almas em busca de luz.

INTRODUÇÃO

Uma escola, qualquer que seja sua natureza, tem o objetivo de apoiar e motivar um aprendizado, fornecendo as diretrizes fundamentais a serem compreendidas e aplicadas pelo aluno em seu desenvolvimento individual, para a transformação de sua vida. O aluno e a aluna, por sua vez, trazem consigo, antecipadamente, o desejo ou a necessidade de compreender e aprender a utilizar e aplicar os princípios que norteiam seu estudo e desenvolvimento. O encontro do desejo e da necessidade do aluno ou da aluna com os fundamentos da matéria e sua aplicação, alteram a condição inicial dos aprendizes e tem resultados visíveis em sua condição interior e exterior, em sua consciência e em sua vida.

A palavra doutrina significa um conjunto de ensinamentos que, por serem essenciais, devem ser ensinados; ou a reunião dos preceitos básicos que compõem um sistema. Em sua raiz latina significa "ensino, arte, ciência". No grego, a palavra doutrina é *didaque,* que significa "ensino" e é próxima da palavra didática, que é a técnica de ensinar. Essas palavras transmitem a ideia, o ato de ensinar e a substância do ensino.

A Escola Espiritual da Rosacruz Áurea carrega em sua denominação a indicação do que ensina a seus alunos: a doutrina do Espírito, que religa o homem ao princípio espiritual imanente, quando ele deseja compreender o conjunto de princípios de seu ensinamento, como regras de ouro.

Tomemos os seguintes exemplos. O primeiro é o Cristianismo Gnóstico, surgido em um período no qual decifrar símbolos ou a leitura era para poucos; foi disseminado oralmente e em linguagem simbólica, por meio de parábolas com situações do cotidiano, que podia ser facilmente compreendido com metáforas. Assim, para falar da onipresença de Deus, foi utilizada a parábola dos peixes: ela conta sobre os peixes de um rio que queriam saber o que era a água e que, em busca de respostas, foram até o mar. Lá encontraram um peixe sábio que lhes respondeu que eram tolos, pois viviam na água, tinham sua origem nela, se movimentavam nela. O peixe sábio que vivia no mar termina dizendo aos peixes que viviam no rio: peixes tolos, benditos são vocês que procuram. Dessa forma simples, o cristianismo gnóstico ensinava que Deus é o fundamento de toda a vida e que está presente em toda a manifestação; que o objetivo da vida é a busca por sua essência. Aqui estão presentes o ensinamento universal, a doutrina e a didática; ou o fundamento e o método de ensinar em direta relação com o desejo dos alunos, de forma que possam compreender o que se ensina.

O segundo exemplo é o da Rosacruz Clássica no século XVII. Um dos rosacruzes clássicos foi o tcheco Jan Amos Comensky ou Comenius, considerado o pai da didática moderna. Ele defendia a alfabetização universal, que até hoje é um desafio em muitas sociedades. Até o século XVI, para se ter acesso aos livros que continham o ensinamento universal, era preciso conhecer o grego, o latim ou o hebraico. Foi no âmbito da reforma de Lutero que a Bíblia, por exemplo, foi editada em língua alemã. Naquela época, o cristianismo ensinado oralmente já não era o original gnóstico. Ele precisou ser resgatado e tornar-se acessível, mas, para tanto, era necessária a alfabetização para que o buscador pudesse se conduzir por si mesmo. Comenius é o autor, dentre outras obras, de *A didática magna* e *O único necessário.* Neste último livro ele aponta que,

> [...]as causas das perpétuas divagações humanas, suas incessantes fadigas, assim como suas contínuas frustações[...] Afirmo, pois, que a causa principal é sempre e unicamente esta: que os homens não sabem distinguir o precioso do vil, isto é, ou não procuram ou negam-se obstinadamente a distinguir o necessário do desnecessário, o útil do inútil e prejudicial. Como um rebanho, os homens não vão para onde devem ir, mas para onde todos vão. Assim, são incapazes de abandonar o que uma vez lhes agradou, seja isso algo bom ou mau.[1]

Vemos aqui a mesma essência da parábola dos peixes, dita da forma que o homem do século XVII podia compreender.

E, atualmente, como atua a Escola Espiritual da Rosacruz Áurea? Como elo contemporâneo da corrente de escolas gnósticas, atua buscando a forma mais simples possível de falar às pessoas deste tempo, para transmitir a mesma doutrina, o mesmo ensinamento, que é o ensinamento universal. Diz que a consciência de muitos seres humanos é profundamente inquietada, fustigada por uma busca incessante de algo que lhe preencha o vazio interior. Denomina essas pessoas de buscadores ou pesquisadores. Diz que essas pessoas não podem controlar, atenuar ou acelerar essa inquietação da consciência, porque ela se origina na centelha do espírito que se relaciona diretamente com o coração, não enquanto órgão mecânico, mas como centro energético do seu sistema de vida, o microcosmo. Esses buscadores são os peixes das antigas parábolas, são os fatigados que sofrem porque não podem discernir o que seja o único necessário; são os que buscam compreender por que sua consciência está sempre inquieta. E assim esse buscador pode se tornar um aluno ou aluna da Escola da Rosacruz Áurea e iniciar o aprendizado do conjunto de fundamentos que compõem a doutrina gnóstica.

---

1. Comenius. *O único necessário,* cap. II.

As atividades desenvolvidas pela Escola Espiritual não têm o objetivo de dar relevância ao conhecimento exterior dos aspectos da doutrina universal, ou de preencher os escaninhos da memória do buscador com belas ideias, às quais ele possa recorrer para se envernizar com elevados pensamentos ou apresentar com belas e profundas palavras. As palestras públicas da Escola apresentam o ensinamento universal completo, sem omitir ou acrescentar nada. Ao mesmo tempo que reconhece a importância de nosso ser natural, não faz concessões ao comportamento egocêntrico da nossa consciência natural. Dessa forma, evita rotas de fuga que nos levariam para longe dos objetivos. A Escola busca colocar o ser humano buscador diante de sua própria realidade, para que possa sondar a natureza de sua busca e avaliar, de forma autônoma, o caminho que deve tomar. Se tal ser humano se decide por seguir com a Escola, será acolhido em decisão livre, autônoma e autorresponsável, sem que lhe sejam apresentadas quaisquer condições.

Então se inicia com ele ou ela uma série de atividades conhecidas como serviços templários, conferências de renovação e reuniões de aprofundamento. Tais atividades possibilitam ampliar a compreensão dos aspectos que envolvem o processo de transformação da consciência. Essa transformação é conduzida pelo próprio aluno ou aluna na medida em que se empenha espontaneamente, por necessidade e desejo interiores. O aluno ou a aluna deve desenvolver, em ligação com o que lhe é oferecido, um sistema de retroalimentação de sua compreensão, de forma a produzir sua própria energia vital para prosseguir.

Mas é preciso compreender que atua sobre nós uma universalidade, que nada podemos fazer sozinhos, que não possuímos discernimento para distinguir entre o "necessário do desnecessário", como disse Comenius. É preciso que a maturidade nos mostre que não diferenciamos a realidade, e que vivemos em uma ilusão autocriada. O buscador é posto diante do trabalho de harmonizar os três centros de sua consciência: seus pensamentos, seus sentimentos e suas ações. Tendo como base sua centelha divina, essa tarefa é muito simples, mas requer esforço contínuo e consciente. Essa tarefa é impossível para a consciência natural bipolarizada entre o "isto sim, aquilo não" pois, dessa forma, ela cria para si mesma barreiras intransponíveis. Por isso a doutrina universal diz: "você é portador da centelha do espírito!" e, ao mesmo tempo, aponta para a total transformação da consciência.

A doutrina dos primeiros tempos do cristianismo dizia exatamente isso por meio das palavras: "O reino de Deus está em vós, mais próximo do que mãos e pés". Porém, alertava: "A carne e o sangue não podem herdar o reino de Deus".

Não se pode fatiar o conjunto de princípios e descartar o que não nos agrada ou convém. Se assim fizermos, nos enquadramos nas palavras de Comenius: "São incapazes de abandonar o que uma vez lhes agradou, seja isso bom ou mau". A doutrina gnóstica é um corpo completo, e a força astral que ela carrega precisa ser compreendida para, então, ser aplicada pelos alunos em sua totalidade. É necessário compreender bem um aspecto determinante: todas as verdadeiras escolas espirituais, de todos os tempos, formam um único corpo universal que chamamos de Fraternidade Universal ou de Fraternidade da Vida. Através dos tempos, o trabalho dessa Fraternidade Universal é sustentado por um fogo central tríplice.

Em linguagem atual, esse fogo central tríplice é chamado de triunidade ou de ideia, percepção e manifestação. Esses três princípios formam uma unidade: o sempre presente espírito universal; a percepção de si mesmo como centelha do espírito universal; e uma vida manifestada com todos os seus aspectos. Esses três aspectos são, em essência, um. Assim, aos alunos e alunas é preciso estar clara a necessidade interior de conhecer essa doutrina, que em seu estado original é uma força de ideação que parte da Fraternidade Universal como um chamado.

Esses são os três elementos fundamentais que compõem a Escola Espiritual, que estão presentes e irradiantes em seu corpo vivo. No âmbito individual, esses três princípios são: a centelha do espírito latente no ser humano; a percepção dessa realidade imanente em seu próprio ser e a compreensão clara do que deve ser realizado; e a efetiva manifestação de tudo isso em sua própria vida.

A Doutrina Espiritual não é um conjunto de dogmas e preceitos que devam ser seguidos como forma de conservar a si mesmo, em relativa segurança e conforto. A Doutrina Espiritual deve ser entendida como o alimento profundamente buscado pela alma, que para ela é o único necessário, o elemento que dá sentido à sua existência e, ao mesmo tempo, a conduz como aprendiz da Vida Divina para manifestar em si mesma os princípios universais.

No universo infinito vibra uma força que é, ao mesmo tempo, a origem e a força que possibilita toda a manifestação, e que está presente como singularidade em cada ser. Essa mesma força vibra também no coração da Fraternidade Universal; é essa força que sustenta todas as manifestações da Fraternidade, sejam as precedentes, a Fraternidade Gnóstica Contemporânea e todas as Fraternidades que se manifestarão em um futuro que desconhecemos. Por isso, em cada uma dessas manifestações está disponível a força de realização de todas as escolas que já se manifestaram. Assim, o corpo vivo de uma verdadeira escola espiritual é a própria Fraternidade Universal manifestada.

Da mesma forma, a força de realização que é despertada no coração de cada aluno e de cada aluna, a partir da centelha do espírito, é potencializada de forma proporcional a toda força de amor dinamizada nos alunos que os precederam no caminho. Nessa disposição, é proposto que cada um se aprofunde na compreensão e na abrangência da doutrina gnóstica, em todos os aspectos dessa verdadeira salvação, e na obtenção de uma consciência capaz de compreender esse amoroso trabalho. A compreensão da doutrina, de sua presença em todos os aspectos da vida e do mundo, gera um completo envolvimento espiritual. O objetivo da escola externa, nas fases denominadas de primeiro e segundo aspectos, é propiciar que todos trabalhem em si mesmos para a consolidação desse indispensável estado de consciência e, no devido tempo, poder também servir à Fraternidade Universal.

É dessa forma que nos tornamos um peixe do mar que agora vê e compreende a natureza da água, um ser humano que conhece e busca em primeiro lugar, em todas as situações de sua vida, o único necessário. Esse aluno e essa aluna podem avançar da fase de inquietação da consciência pela centelha do espírito para o estado de pedra viva de construção, estado de consciência que nos torna células viventes do corpo da Fraternidade Universal. Esse é o grandioso objetivo que a Escola Espiritual, como local de ensino da Doutrina do Espírito, apresenta a todos os seres que buscam.

Que prossigamos, em unidade, desde o começo, até o bom fim!

A ORAÇÃO

Um dos papéis de uma escola de mistérios é alertar os alunos sobre hábitos praticados sem a clara consciência do que significam. Agir sem saber a causa os coloca em posição frágil em relação a si mesmos, ao mundo e à humanidade. E essa fragilidade precisa ser enfrentada se quiserem avançar no processo de transformação da consciência.

O hábito de realizar uma oração precisa de profunda investigação. Em geral, a oração é uma tentativa de contato com uma entidade superior ou por reverência, ou por um desejo ou por algum tipo de angústia ou medo. É uma prática muito comum em nossa sociedade o hábito de diariamente dirigir-se a Deus, a Jesus ou a outra entidade, expressando seu louvor e gratidão, desabafando seus problemas e sofrimentos, e mesmo pedindo ajuda e proteção para si ou para seus entes queridos. Há orações habituais pronunciadas antes das refeições, antes de se deitar ou ao acordar, ou pedidos de proteção antes de sair de casa, seguir em uma viagem, fazer algo importante ou difícil. Essas orações são ligadas aos hábitos frequentemente transmitidos de geração a geração e ditados pelo respeito natural a "algo superior". Há ainda as orações angustiadas com pedidos de auxílio e proteção, proferidas nos momentos difíceis e de grande sofrimento e medo, como doença, morte, dificuldades pessoais, profissionais, financeiras ou grandes desafios na vida. Há as orações coletivas, emanadas em situações de grandes tragédias, como inundações, terremotos, erupções vulcânicas, tsunamis, secas, fome, guerras e outros desastres de grandes proporções. Há ainda as orações realizadas de forma mais ritualística, como nos casos das recitações rítmicas de mantras e orações pré-formatadas, que buscam sintonizar magicamente aquele que ora com a entidade evocada.

Todo ser humano deseja para si e seus entes queridos uma vida plena de felicidade, saúde, sucesso, amor, segurança, boas experiências etc., e certamente isso é totalmente legítimo. E sentindo-se frágil diante de grandes desafios e incertezas, ele quer a atenção e o cuidado de uma entidade superior que olhe por ele, o proteja e o auxilie no enfrentamento das dificuldades. É como a criança que em momentos de perigo corre para buscar a ajuda dos pais.

Mas precisamos solicitar o favor divino para obter a satisfação de nossos desejos ou resolver nossos problemas e angústias? Será exatamente esse o sentido real da oração?

Um ponto a considerar é que em todos os tempos e povos, as religiões sempre incentivaram a busca de contato com "entidades superiores" por meio da oração, de forma a se obter consolo e aceitação nas dificuldades da vida, e como um momento de devoção e elevação espiritual. Nas orações, as pessoas evocam Deus, os grandes iniciados (Jesus, Buda, Krishna e outros), o Espírito Santo, santos, anjos e guias espirituais de todas as vertentes religiosas, divindades da natureza (como os deuses do mar, dos rios, das florestas, da chuva), e muitos outros. E nesses momentos de oração, a pessoa realmente se sente conectada e amparada por essas entidades.

Na nossa Escola, com base no ensinamento universal, o olhar em relação à oração realizada comumente é bem diferente. Isso não é visto como algo inocente e sem riscos, que "se não faz bem, pelo menos não faz mal". Quando oramos, dinamizamos fortemente todo nosso ser por meio de desejos, pensamentos, emoções e impulsos para a ação. E assim emitimos a palavra, isto é, o Fiat criador, a oração mágica.

O ponto fundamental dessa questão é que a condição interior de quem ora faz emanar forças e vibrações em concordância com essa condição, e determina o resultado da oração. É impossível não haver um resultado, porque essa invocação mágica viaja como uma vibração, como força criadora, para uma região astral em sintonia com a qualidade da oração. Se o ser humano invocar Deus, Cristo ou o Espírito Santo, partindo de seu estado primitivo inferior, impulsionado por um desejo egocêntrico, atrairá forças equivalentes que povoam a esfera astral desta natureza, inerente à sua oração.

É preciso compreender que a base de todo o drama do ser humano, seus problemas e conflitos, é justamente o egocentrismo. Mesmo revestida de nobreza e elevação, toda oração comum tem origem no egocentrismo humano, com seu desejo de autoconservação, sua separatividade, seus medos e apegos, com sua busca de satisfação do eu, de soluções e benefícios para sua vida ligada à personalidade mortal e egocêntrica.

E a quem realmente se dirige a oração? Diariamente, milhões ou até bilhões de pessoas oram às suas divindades, de acordo com sua orientação religiosa. Toda essa energia mental, astral e etérica emitida pela humanidade, há milênios, se acumula no plano astral da Terra, separada por sua gama vibratória, formando poderosas egrégoras, isto é, gigantescas nuvens astrais carregadas dessa energia egocêntrica, desarmônica e aprisionadora, totalmente sintonizada com a vida material comum. Portanto, quando realizada da maneira descrita, essa oração se torna um fator de aprisionamento a que a humanidade se submete.

Muitos alunos de nossa Escola, que ainda buscam auxílio e consolo divinos e evocam a Gnosis ou a Fraternidade da Vida, produzem com essa oração os mesmos efeitos aprisionadores pelo fato de a intenção de sua oração estar ligada à personalidade mortal.

Como exposto frequentemente, o processo interior proposto por nossa Escola não busca melhorar ou trazer benefícios para a personalidade humana. O foco é a conexão da consciência com a centelha do espírito e, a partir disso, realizar a completa transformação da consciência, com o auxílio do campo de força da Escola, para que o espírito universal possa se conectar com a centelha do aluno.

Para essa transformação, é proposto ao aluno o autoconhecimento, isto é, um processo de percepção dessa situação nele mesmo, a partir do qual será realizada a demolição dessa condição, com a purificação e o renascimento estrutural de todo o ser. Falamos de autoiniciação, em que o próprio aluno trabalha incansavelmente em si mesmo para realizar esse processo, que ao mesmo tempo se realiza em grupo.

Uma das principais ferramentas do processo do autoconhecimento é o discernimento adquirido a partir das experiências diárias, sejam elas de alegria ou de dor. Nesse aspecto, *Karma-Nêmesis* é a grande lei universal que conduz todo o cosmo, incluindo todos nós, pelo caminho de desenvolvimento rumo à divinização. Mas para isso é preciso aceitar as lições da escola de experiência, que nos faz amadurecer em direção à transcendência de nossa condição egocêntrica mortal.

E sabemos que esse caminho de aprendizado não é um caminho reto, mas se assemelha a uma trajetória em espirais. Se persistimos, vemos nossas dificuldades e problemas como verdadeiros mestres que mostram aspectos preciosos de nossa vida. E se a partir dessa percepção aceitamos realizar as mudanças necessárias em nosso ser, somos tomados por momentos de profunda paz e profunda reflexão, que nos levam cada vez mais perto do reconhecimento de todas as nossas carências, dificuldades, anseios e das causas mais profundas de tudo o que nos acontece na vida. Nesses momentos, mesmo sem sermos plenamente cientes, estamos sendo iluminados pela luz de nossa centelha do espírito. Nessa luz vemos a nós mesmos e percebemos intimamente que são por nossos pensamentos, desejos, sentimentos e ações que forjamos, a cada segundo, nosso próprio destino.

Assim, se reconhece que o ser humano não está abandonado à própria sorte, pois para auxiliá-lo, nele foi depositada uma centelha divina que pode ser despertada a qualquer momento. Nasce então a grande unidade em nossa vida; da unidade nasce o amor e a compaixão para com todos. E desse modo a consciência ultrapassa as limitações do plano do espaço-tempo.

A Terra, apesar de parecer um campo de vida fechado e limitado, é circundada e penetrada pela vida divina. E o aluno que vence sua própria batalha interna é um iluminado. Ele é como um sol espiritual que brilha sobre todos, seja qual for o seu estado de ser. Ele mantém sua alma em perfeita orientação para a luz e libera a força da luz para todos. Agora ele sabe que o espírito vive nele, e o Todo e ele são um.

Assim ele realiza a verdadeira oração.

INTUIÇÃO E TRANSFORMAÇÃO

O fenômeno da comunicação é desafiador, apesar de bem estudado e conhecido. Ele pode seguir técnicas, ser bem estruturado e ter objetivos definidos, como fazem os profissionais de publicidade, ou, por outro lado, ser totalmente intuitivo, fluídico e natural, como um bebê conversando com seus pais. Em qualquer uma dessas situações acontece um processo de comunicação, e uma mensagem passa do emissor ao receptor.

A Escola Espiritual também faz uso da comunicação, pois precisa entrar em contato com as pessoas para lhes apresentar sua proposta de trabalho. Mas será que o processo de comunicação nesses níveis mais sutis e abstratos atua da mesma forma que a comunicação normal entre pessoas? Como instituição, desejamos que informações relacionadas à transformação existencial alcancem um público bem determinado: os buscadores espirituais. O propósito é lhes abrir as portas do autoconhecimento, promover a transformação da consciência e estimular a transformação estrutural da vida. É importante conhecer como a Escola percebe esse fenômeno da comunicação e como ele se dá, para nos reconhecermos nele e com ele cooperarmos, caso esse seja o nosso desejo.

Rumi, o mestre sufi do mundo árabe medieval, disse que o bom anfitrião é aquele que coloca sobre a mesa os mais variados tipos de comida, pois sabe que há diferentes convidados, cada um com gostos e necessidades distintas. Assim é a Escola: ela oferece seu ensinamento de diferentes maneiras. A cada um cabe escolher aquele que mais atende e sacia sua fome no caminho de transformação interior. A Escola se conecta aos buscadores pela transmissão oral; de boca a ouvido; pelos vídeos, imagens, serviços e conferências eletrônicos e pelas tradicionais mensagens impressas em livros. Tudo isso compõe uma pirâmide, por meio da qual esse "lugar de ensino Rosacruz", o Lectorium Rosicrucianum, se dá a conhecer. Mas nisso há um grande desafio: no dia a dia falamos de coisas conhecidas e perceptíveis, utilizando palavras e ideias claras para todos. Mas, como falar de uma realidade que é intangível, que está muito além dos limites de nossos sentidos e mesmo do que chamamos de comunicação extrassensorial? Como escolher palavras para falar do pluridimensional, que está além do tempo e do espaço, e de sensações e realidades desconhecidas, que não têm nenhuma equivalência no mundo tridimensional?

Em uma de suas palestras, Amy Webb, pesquisadora de tendências futuristas, propõe um desafio à plateia formada por especialistas em desenvolvimento de novas aplicações em tecnologia. Ela apresenta uma figura totalmente ininteligível, na qual não se pode perceber nada a não ser manchas brancas e pretas. As pessoas dizem não reconhecer nada naquele desenho difuso. Amy Webb então lhes diz: é a imagem de uma vaca. As pessoas respondem "Não acredito em você", "Não consigo perceber nada" e assim por diante. Então, ela faz alguns rabiscos e, milagrosamente, as pessoas começam a reconhecer a forma inequívoca do animal. Se você olha para a imagem inúmeras vezes, não distingue nada. No momento em que vem a ajuda, se percebe a forma, a imagem difusa desaparece e dá lugar a uma figura nítida e clara. Sem dúvida se trata de uma experiência interessante que podemos fazer e comprovar; procure por um experimento da década de 1950 chamado "Vaca de Dallenbach" e veja por si mesmo[2]. A razão disso é simples: não existem modelos mentais

2. https://www.youtube.com/watch?v=Tb7Kv6P7m9Q.

associados àquela imagem. Não há padrões cerebrais associados àquilo que estamos vendo. Por isso, nossa primeira reação é a de negar a realidade que nosso cérebro não percebe.

Esse mesmo processo acontece quando a Escola fala de uma realidade intangível, utilizando termos que descrevem as mudanças que devem ocorrer internamente em cada um de nós. A Escola utiliza expressões que têm um significado compreensível, mas que se referem a algo desconhecido, ainda não percebido por nós. Por exemplo, quando normalmente falamos da visão, em ver as cores e os objetos, estamos nos referindo à recepção de luz que sensibiliza as células da retina, nos olhos, e cria, no cérebro, uma imagem mental interna da realidade externa. E o que acontece quando na Escola ouvimos a expressão clássica "Luz das Luzes"? Será que estamos nos referindo à luz solar comum ou a um tipo de luz artificial? Se esse fosse o caso, nossa comunicação fluiria de maneira tranquila, pois o que denominamos luz espiritual, a "Luz das Luzes", nada mais seria que um tipo especial de luz, emanando de uma fonte talvez mais sofisticada ou diferente das que conhecemos.

Mas não é esse o caso. A Escola está nos falando de algo que se encontra além de nossa faixa de percepção sensorial, ou de nossos conceitos mentais e emocionais. Não temos modelos mentais a respeito do que seja a eternidade, a onisciência, a ubiquidade e assim por diante. Tudo isso está fora de nosso radar cerebral. Não há trilhas mentais construídas a esse respeito. Mesmo assim, a Escola fala de tudo isso, sabendo que a imagem mais próxima que podemos formar dessa realidade intangível terá seu valor, ainda que seja uma mera imagem.

Sabemos o que é a luz interpretada pelos olhos e cérebro. Embora isso não nos dê a dimensão exata do que seja a Luz das Luzes, sem dúvida é o que temos, e, por isso, nos aproxima dela. Porém, quando a pineal é tocada por um dos sete raios do espírito e ilumina internamente o microcosmo – algo que a pessoa percebe de maneira inequívoca – a expressão Luz das Luzes adquire um significado vivo. Desse momento em diante, a expressão adquire novo sentido. A pessoa em questão agora sabe o que isso significa. Ela não tem palavras para comunicar aos demais a experiência viva e pessoal da iluminação pela qual passou, mas nem por isso deixa de falar da Luz das Luzes, ainda que nem todos tenham passado pela mesma vivência interior.

Essa dificuldade, tanto de ouvir quanto de falar a respeito de algo interno, nos acompanha desde o início de nossa busca espiritual. A inquietação existencial, a sede pelas respostas mais profundas da vida, a pesquisa pelas respostas fundamentais também formam uma vivência que acontece em um nível interno que está acima das experiências comuns. Você se lembra das muitas vezes em que não conseguia falar a respeito dessa inquietude? Ou de que as pessoas não entendiam por que você se preocupava em saber a origem e o destino da vida?

Quando avançamos no discipulado e vamos recebendo lições valiosas para nossa caminhada, esse fenômeno vai, de certa forma, se repetindo. Como alunos do primeiro aspecto, por exemplo, pode ser que não tenhamos ainda um referencial vivo ou uma experiência de primeira mão para compreender totalmente as instruções ou o material de ensino que recebemos. Os valores da eternidade estão ali, presentes por trás das palavras, mas nos falta a chave viva para decodificá-los. Porém, e é isso o que importa, essas palavras, mesmo que não compreendidas em sua essência mais profunda, ainda assim estão agindo em nós. Isso acontece porque as linhas de força da eternidade fluem por trás dos signos, das palavras. Essas linhas de força tocam nosso ser mais interior, impulsionando-o à ação, ainda que não compreendamos plenamente tais impulsos.

Por isso, logo no início do discipulado é preciso que tenhamos a coragem de receber os ensinamentos como uma criança, que em sua pureza está livre de conceitos prévios ou imagens que a limitem.

Se partirmos do princípio de que a maior parte do que a escola fala se refere a uma vivência que está muito além das que ocorrem no campo da matéria, estaremos mais próximos de nos abrir a esse novo; ou, dito de outra maneira, receberemos as instruções para a libertação com maior grau de liberdade interior e com menor interferência perturbadora na comunicação que a Escola quer estabelecer com cada um de nós.

Exatamente por isso, logo no primeiro aspecto a Escola nos aconselha a dar ouvidos à voz da intuição espiritual que brota da semente do espírito em nosso coração energético. Essa centelha nos proporciona experiências que não podem ser perfeitamente interpretadas pelo campo racional ou emocional, mas que são percebidas de maneira puramente intuitiva. Essas vivências não podem ser experienciadas integralmente no campo mental concreto.

Por isso, viver e experimentar um conhecimento intuitivo é muito mais rico e vibrante que o proporcionado pelo sensório comum ou pela capacidade mental ou emocional. A intuição nasce de uma fonte ilimitada, espiritual, eterna, enquanto a noção intelectual está limitada ao estoque de conceitos armazenados no banco de dados cerebral. O conhecimento racional é fundamental, pois ao estabelecer relações de semelhança entre o que a Escola fala e o que conhecemos, corroboramos, de certa forma, a vivência intuitiva do desconhecido. No início, é possível que surja certa insegurança, pois ao sair da zona de conforto do conhecimento cerebral, rumo ao conhecimento de primeira mão, haverá momentos em que não saberemos exatamente onde estamos, porque a visão intuitiva cria um espaço vivo, inédito, vazio, livre e desconhecido em nosso interior. A simbologia do "estar só na ilha de Patmos" se aplica nesses instantes de maneira perfeita, pois estamos absolutamente a sós nessa travessia interior. Nesses momentos necessitamos mais da fé e menos da crença. A fé é uma força que brota da fonte intuitiva interior, da semente do intangível e do desconhecido, ou seja, da centelha do espírito. A crença, por outro lado, é uma pedra de apoio criada pelo cérebro. Devemos subir nessa pedra, mas não permanecer parados nela. Ela deve ser ultrapassada e abandonada, e substituída pela vivência interior que se torna posse interna, vibrante e forte.

É preciso entender que a fé, em si, não cria a nova realidade. Ela apenas estabelece as bases para que os processos interiores de transformação possam se dar. É como se a fé fosse o primeiro pilar de uma ponte. Sem esse primeiro pilar a ponte não pode ser construída, mas o pilar não pode ser confundido com a ponte. A fé não é a vivência da nova realidade, mas é a ponte que nos leva a ela. Essa ponte que leva da fé à nova realidade é construída pelo amadurecimento desse sutil processo de comunicação entre a eternidade e o tempo. Pouco a pouco aprendemos a compreender a linguagem da eternidade. Começamos a descobrir o valor real que está além dos conceitos que construímos. É isso que vai, lentamente, tomando corpo e se transformando no que chamamos discipulado, que nada mais é que o processo de nascimento de uma nova capacidade existencial ligada à eternidade.

Amy Webb usa uma expressão muito interessante; ela fala da re-percepção da realidade, ou seja, do desenvolvimento de uma capacidade de ler os sinais da mudança de nossa realidade que estão aí, na nossa frente. Podemos fazer um paralelo com os sinais da mudança espiritual que estão brotando do coração, batendo na porta da consciência, e que você percebe de maneira mais fraca ou mais forte. Por isso, mesmo que algo que a Escola fale soe incompreensível, tente se aproximar dessa ideia apoiado em sua intuição, essa força que faz de você alguém que busca a verdade e as respostas fundamentais. Pouco a pouco você conseguirá ler as letras de fogo que partem do mundo divino em sua direção, trazendo força para uma real mudança interior. E no momento certo, você certamente saberá interpretar, de maneira viva, a mensagem da eternidade, dando-lhe significado vivo e real, como posse intangível que só a você pertence.

Então, de você partirá o testemunho, como uma força que conecta aquele que ouve com aquele que vive. Assim, mesmo que lhe faltem palavras adequadas, pois o vocabulário do tempo é paupérrimo diante da grandiosidade do divino, a eternidade falará no mundo da matéria por seu intermédio. Na limitação do espaço e do tempo, você será um intérprete vivo da linguagem de Deus, alguém que ajudará outros na alfabetização da linguagem do fogo, que agora, sim, crepita em seu coração!

MAGIA NATURAL E MAGIA GNÓSTICA

Aquarius traz uma revolução intercósmica que faz a humanidade buscar o caminho superior da vida, e isso está levando muitas pessoas a mergulhar em uma nova era de ocultismo, misticismo, animismo e magia. Essas práticas trazem riscos e interferem nas reações do supraconsciente e do inconsciente.

O ser humano, inquietado por sua centelha do espírito e pelo chamado da Fraternidade da Vida, busca o caminho de desenvolvimento. Inicialmente, a consciência está totalmente voltada para a vida na matéria e assim busca o caminho do desenvolvimento humano. Quando alcança o limite desse desenvolvimento, começa a buscar o desenvolvimento espiritual.

Helena Blavatsky diz:

> Busca pelos Caminhos. Mas, ó discípulo, antes de começares a viagem, deves ter um coração puro. Antes de dares o teu primeiro passo, aprende a discernir o que é real do que é falso, o transitório do eterno. Aprende acima de tudo a ver a diferença entre o aprendizado mental e a sabedoria da Alma; entre a doutrina do "Olho" e a doutrina do "Coração".[3]

O caminho do desenvolvimento do eu é o caminho da doutrina do olho, da vida guiada pelos sentidos da personalidade. Porém, como essa consciência está identificada com a personalidade mortal, percebe a si mesma como separada dos demais e todos os fenômenos da vida como transitórios, duais e cíclicos; assim essa consciência fica aprisionada na separatividade, no egocentrismo, na dualidade, na roda da vida e da morte, no instinto de autoconservação e nos apegos decorrentes.

3. Blavatsky. *A voz do silêncio*, verso 111.

Tudo isso leva a consciência a viver sob intenso isolamento, conflito, preocupação e sofrimento: é a escola de experiências. Esse caminho pode levar a um esforço para fortalecer o eu, a melhorar a si e ao mundo, a buscar a cura do sofrimento e o equilíbrio da alma por meio de religiões, ocultismo, filosofia, ciências, artes, ética, humanitarismo, magia e métodos de autodesenvolvimento. Caso não tenha despertado para a necessidade de uma transformação estrutural da consciência – o que mantém a manifestação egocêntrica intacta –, a percepção de busca individual mesclará um ideal elevado com a busca de algum benefício para o ego: mais equilíbrio, mais saúde, mais felicidade, mais sucesso, mais poder sobre si e o mundo. A todas as práticas associadas a essa busca do eu, chamamos de magia natural, pois estão associadas à manutenção do eu natural.

Em contraposição ao caminho do eu, há o caminho que *A voz do silêncio* chama de a doutrina do coração. Esse caminho tem como base de trabalho a conexão com a centelha do espírito para a real transformação interior. A consciência humana - nobre e cultivada, porém fundamentalmente egocêntrica - precisa se transformar para se tornar em veículo de manifestação do espírito. Para tanto, o autoconhecimento é a base de trabalho, isto é, é preciso perceber seu mundo interior de pensamentos, sentimentos, desejos, crenças, intenções, condicionamentos etc.

Essa autopercepção é a base para a purificação e a transformação da consciência, para a desconstrução do egocentrismo que domina a consciência, a fim de que surja uma consciência renovada que possa ser veículo para a manifestação plena do espírito. Isso ocorre quando o eu se rende ao princípio espiritual e deseja unificar-se com o Todo; quando a consciência, iluminada pela luz do princípio espiritual, se dirige ao que os rosacruzes clássicos se referiam como a "metade pura e desconhecida do mundo", ou seja, à esfera etérica pura e original, ao verdadeiro planeta etérico que vive no Logos, a Terra-Céu original.

Existe também uma outra forma de atuação humana, muitas vezes revestida de nobreza e elevação, mas que busca sempre alguma recompensa para o eu, seja mais saúde, equilíbrio, mais felicidade, mais sucesso, mais poder sobre si ou os outros etc. Quando a consciência está sintonizada com sua intenção egocêntrica, é atraída para os campos vibratórios da esfera astral planetária, em harmonia com sua intenção. Essa é uma forma de magia natural que pode estar relacionada com os três centros humanos – cabeça, coração e vida.

As práticas mais voltadas ao aspecto intelectual podem ser agrupadas na denominação de ocultismo. A partir do plano astral, as instituições e entidades ocultistas, místicas e mágicas, com todos os seus matizes e tipos de magia, ensinam seus métodos de desenvolvimento a partir de exercícios que visam estimular o círculo de fogo da pineal, a kundalini do santuário da cabeça, por meio do controle do ser aural, ou seja, mediante o controle de nosso eu supraconsciente, também denominado eu superior.

E essas instituições e entidades visam também estimular a kundalini do santuário pélvico, a sede do eu inferior, que é o repositório de toda a força cármica acumulada em incontáveis reencarnações, para assim conectar a kundalini pélvica com a kundalini do santuário da cabeça, e aumentar ainda mais o poder do eu superior. Hoje há uma banalização de exercícios de concentração e projeção da consciência que buscam desenvolver sentidos ocultos.

Um segundo grupo de práticas está relacionado ao santuário do coração, envolvendo todo tipo de experiência mística ou religiosa que, pelo avançar da era de Aquarius, se apresenta em duas vertentes. De um lado, se observa a luta das religiões tradicionais, que passam por sucessivas crises de identidade ou de credibilidade; de outro, se vê incontáveis novas igrejas e religiões alternativas, que surgem e ressurgem, e que arrastam incontáveis seres humanos muitas vezes com base no utilitarismo e no fanatismo religioso, recheado de dogmas e interpretações duvidosas do ensinamento universal. "Lá onde está o teu coração, também está o teu tesouro" – nos diz o ensinamento universal. E por tudo isso vemos onde ainda está o coração de grande parte da humanidade.

E finalmente, há um terceiro tipo de práticas da magia natural ligadas ao santuário da vida. Observando o mundo, tudo o que é publicado na internet, nos livros e em outros meios de comunicação, constata-se que vivemos o ápice desta civilização em termos de ciência e produção intelectual. Mas, em meio a esse pico de racionalidade, encontramos uma verdadeira febre do que chamamos de "consciência mágica", ou seja, de uma consciência que percebe que os campos sutis, nossos pensamentos e nossa vida interior determinam e influenciam de maneira inquestionável toda a existência. Nisso há um lado positivo, pois está equilibrando de maneira muito efetiva o impulso materialista que a ciência produz. Mas por outro lado, isso está acarretando uma verdadeira explosão de práticas mágicas naturais muito duvidosas, que propagam, principalmente, a cura dos males físicos e psíquicos.

Atualmente, todo buscador do caminho espiritual que sente certa afinidade com os ensinamentos da Escola Espiritual da Rosacruz Áurea pode ser acolhido como aluno no primeiro aspecto; porém, para aqueles que pretendem avançar no caminho iniciático da Escola é preciso esclarecer sobre a incompatibilidade da prática de magia natural e o caminho de transformação da consciência. Todo tipo de manipulação mágica de forças naturais, ou seja, das forças nos campos etérico, astral ou mental que visam a produção de um determinado resultado, de um determinado benefício pessoal próprio ou para terceiros, tem sempre o mesmo resultado: de um lado, aumentam a velocidade da roda do carma, da roda de causas e efeitos; e de outro, como consequência direta dessa aceleração, reforçam ainda mais a consciência-eu, que é justamente o contrário do processo que a Escola propõe. Portanto, todas essas práticas de magia natural são incompatíveis com o caminho proposto pela Escola Espiritual e com seu campo de força, pois na Escola se buscam as forças puras, verdadeiramente espirituais, que se originam da centelha do espírito e do espírito universal. As práticas de magia natural, que hoje estão travestidas de diversas técnicas e nomes, podem ser comparadas a andar na contramão e acelerar ao máximo no sentido oposto ao de uma transformação real, podendo afetar o equilíbrio dos corpos sutis e ser prejudicial à saúde física e psíquica.

É preciso estar atento a essas práticas, pois apesar de parecerem inocentes, do tipo "se não faz bem, mal não faz", para aquele que deseja seguir o caminho do desenvolvimento espiritual representam um aprisionamento a forças indesejáveis, pois o ligam novamente a forças das quais nos esforçamos tanto por libertar.

No mundo astral e etérico desta natureza, nada é de "graça". Nada se harmoniza, nenhuma cura se produz, nenhuma transformação ocorre sem que tenhamos que pagar um preço, como um pedágio por utilizar as vias de circulação astral e etérica desta natureza. Esse pedágio é, ao mesmo tempo, o consumo de éteres e o portar uma marca, um sinal de reconhecimento no campo sutil, que normalmente chamamos de uma "ligação".

Tudo isso é apontado não para recriminar, julgar ou mesmo preocupar alguém. Mas para esclarecer que quando o aluno busca métodos, sejam eles quais forem, que lhe assegurem alguma vantagem ou benefício pessoal, e quando a conta dessas ligações lhe é apresentada – na forma de carma, de uma ligação indesejada ou roubo de sua energia vital – não adianta ele dar as costas, correndo de tudo isso, e tentar voltar-se para o campo de força. É como buscar novas forças espirituais e, logo em seguida, mergulhar nas velhas forças da esfera astral. O aluno precisa compreender que sem verdadeiramente eliminar a origem de seus problemas, que é seu egocentrismo fundamental, suas dores e preocupações permanecerão. E é justamente isso que a Escola deseja realizar: eliminar as causas do egocentrismo e suas consequências, por meio da progressiva neutralização da consciência-eu, para que a consciência-alma possa progressivamente se ampliar em seu ser. Ninguém deve acreditar inocentemente que sua ligação com o campo astral da natureza mortal transforma fundamentalmente sua consciência, sua vida e seu destino.

Uma consciência em transformação se orienta cada vez mais para o único mestre que já se encontra dentro dele mesmo – o princípio divino, que deve desabrochar e se transformar em sua única fonte de força e de vida. Dessa fonte é possível haurir toda a vitalidade e toda a energia que se necessita para uma vida livre, independente, autônoma, positiva e equilibrada. Esse aluno é acolhido em outro tipo completamente diferente de magia, a magia do novo campo de vida, que "de graça, lhe oferecerá da fonte da Água da Vida": essa é a magia gnóstica!

Que tenhamos a coragem de abandonar todo o misticismo, todo o ocultismo e todo o resquício de magia natural, pois o novo, o espírito, a essência dos novos tempos de Aquarius nos chamam agora! Sigamos todos em direção a esses novos tempos!

AS DUAS VOZES NO INTERIOR DO SER HUMANO

Um buscador da verdade disse certa vez: "A razão teme o transcendente porque ele soa como algo mágico e não estamos acostumados a dar vazão a algo inexplicável como o chamado do espírito". Esse testemunho marcante de um ser humano que busca em si a verdade nos inspira a refletir sobre o papel que nossa mentalidade, essa ferramenta indispensável, pode e deve desempenhar na caminhada espiritual. Essa ferramenta é, ao mesmo tempo, tão útil e tão mal utilizada.

Frequentemente utilizamos os termos "mente concreta" para nos referir ao atual estágio de desenvolvimento de nossa faculdade mental. Por que qualificamos a mente como "concreta"? A razão é simples: no mundo material temos diversas gradações de densidade de um mesmo elemento. Pense nas várias formas da água: o líquido fluídico e maleável; o gelo, uma forma condensada e dura da água, e o quase imperceptível vapor. Da mesma maneira, no mundo mental também existe uma variedade de formas de expressão da matéria do pensamento e, como é óbvio, o mesmo acontece para os mundos e as matérias etéricas e astrais.

Mas voltemos ao mundo do pensamento. Se pedirmos a um grupo de pessoas para que fechem os olhos e imaginem um objeto conhecido e razoavelmente padronizado, por exemplo, uma cadeira amarela, imediatamente cada cérebro criará uma imagem mental desse objeto. Obviamente cada pessoa teria seu próprio modelo e, ainda que existissem diferenças, todas seriam capazes de nos comunicar usando como referência esse objeto que existe no campo mental. Elas poderiam dizer, com algum grau de assertividade: "Minha cadeira é assim ou assado!", pois essa forma está clara perante o raciocínio e a capacidade mental comum.

Porém, há outras formas de comunicação nas quais não existe um objeto mais ou menos concreto ou uma imagem padronizada. É o que acontece, por exemplo, quando uma mãe intui que seu bebê está com fome ou sede. Esse tipo de comunicação não é estruturado por meio de formas mentais concretas. Não existe uma forma mental associada à fome, assim como no caso da cadeira. Diferentes mães podem conversar sobre como percebem a fome ou a sede do bebê, mas nenhuma delas conseguiria "desenhar" aquilo que surgiu como uma imagem em seu campo intuitivo, embora certamente todas concordassem e se reconhecessem como portadoras dessa mesma capacidade de comunicação.

E trabalhar com esses campos abstratos e intuitivos não é privilégio dos humanos. Alguns animais, por exemplo, podem prever tempestades, terremotos e tsunamis, entre outras ocorrências. A diferença é que em nós, humanos, o campo intuitivo é individual e, no caso dos animais, o campo intuitivo é coletivo, também conhecido como campo mórfico ou espírito de grupo.

A mente humana, além de ser diretamente influenciada pelos cinco sentidos – que são como portas de entrada para os estímulos que a colocam em funcionamento –, também é ativada pela inteligência e pela intuição.

Didaticamente, poderíamos dizer que os cinco sentidos comuns nos conectam com o mundo exterior enquanto os outros dois nos ligam ao mundo interior. Nisso nada há de novo, pois os seres humanos comumente possuem tanto a inteligência quanto a intuição mais ou menos desenvolvidas. Nossos sentidos, bem como a inteligência e a intuição, estão ligados e relacionados à mesma realidade, à nossa realidade e, sem necessidade de explicações, sabemos que eles vão desembocar, em última instância, em nossa mente concreta.

Do ponto de vista de uma escola gnóstica iniciática, o que poderia ser dito além disso? A chave que falta ser acrescentada está na frase dita no início: "A razão teme o transcendente porque ele soa como algo mágico e não estamos acostumados a dar vazão a algo inexplicável como o chamado do espírito". Trata-se do inexplicável chamado do espírito! Este é o elo que falta para estabelecer a conexão entre duas realidades tão distintas, a concreta, com seus sentidos, e a transcendente – o inexplicável objeto de nossa busca espiritual.

Não é difícil imaginar que também no mundo transcendente existam sentidos apropriados, pois trata-se de um campo de vida que deve ser percebido, sentido e vivido, de forma equivalente à nossa vida no mundo material. Existem duas correntes de vida ou correntes de orientação do ser humano, a tridimensional e a ilimitada; uma manifestação que aponta para cima e outra para baixo. Essa divisão é mais didática do que real, pois em nós coabitam essas duas correntes de vida, pois o ser humano é dual: ele vive em uma realidade bem conhecida e intui a existência de outra. Por isso, a rigor, não existe "para cima" ou "para baixo". Essas duas realidades são apenas manifestações distintas de uma mesma essência humana, assim como a água em estado sólido, o gelo, não é estruturalmente diferente do vapor: trata-se do mesmo H_2O com maior ou menor grau de energia ou vibração.

A manifestação da essência espiritual pode ser descrita como uma força que quer nos levar para além do mundo dos conceitos da mente. O mundo espiritual está além da região do pensamento comum concreto, em que a mente fervilha de maneira incessante e descontrolada. Imagine um ser que vivesse no gelo, outro na água, outro no vapor e outro ainda que vivesse no mundo dos átomos, do hidrogênio e do oxigênio, os elementos que formam todas essas realidades tão distintas, mas em sua essência tão iguais! Assim é a mente humana. Para alguns ela está no estado duro e petrificado do gelo: são os que ainda estão caminhando para a autoconsciência. Para outros ela se manifesta na matéria fluídica da água líquida: é a maior parte da humanidade que adquiriu a autoconsciência e pode dizer "eu sou". Para outros ainda ela está se libertando da forma ainda pesada da água e caminhando para o mundo leve e gasoso: são os que estão na fronteira entre o denso e o leve, o material e o espiritual; são os tipos humanos que, por meio de uma escola espiritual, começam a desenvolver o início de uma nova consciência, sutil, elevada, mas que ainda tem os mesmos elementos da água. E, para outros, é possível entrar no mundo das forças de formação e expressão da vida manifestada, viver no mundo dos átomos, das energias mais básicas. Isso é apenas uma metáfora, indicando que esse seria o mundo do espírito, que antecede a todas as manifestações, a toda criação e a todas as criaturas.

No fundo se trata apenas de uma mesma realidade que pode se manifestar de diferentes formas, com distintos graus de energia e vibração. Por isso a Escola utiliza diferentes termos para designar realidades que podem parecer distintas, mas são apenas manifestações de uma e única essência: espírito e matéria; eu divino e eu material; self e ego; nirvana e vana. No início essas duas vozes podem soar antagônicas, mas à medida que voltamos para dentro de nós, e encontramos a fonte da essência espiritual, o temor frente ao novo se converte em aceitação; o estranhamento do que é divino se transforma em empatia e o desconforto de sair dos caminhos habituais da mente é substituído pelo alívio de perceber que é possível viver fora das trilhas repetitivas do viciante pensamento comum. É nesse ponto que a razão deixa de temer o transcendente, pois ela começa a se familiarizar com as novas possibilidades que estão além do conhecido.

A busca pela integração aparentemente segue dois caminhos distintos: com a voz do self, buscamos a realidade divina; com a voz do ego, lidamos com a realidade material. O grande desafio é reconhecer essa dicotomia e compreender que o caótico sentimento de separação da vida atual se origina do desconhecimento da voz do self. Quando aprendemos a nos deixar guiar pela voz intuitiva que brota do self divino, tudo começa a tomar um rumo diferente. A construção da ponte que conecta essas duas realidades internas naturalmente precisa ser iniciada no único ponto possível: o do pensamento concreto. Mas essa construção precisa avançar rumo ao outro extremo que está dentro e não fora: a mente abstrata. Se é o pensamento concreto que cria a separação entre esses dois mundos, também é o próprio pensamento que deve ser colocado em ordem.

Mas é preciso que se diga com todas as letras, pois trata-se de um engano fácil de acontecer: o pensamento, por si mesmo, não cria a ponte. Ele precisa reconhecer a voz intuitiva que brota da semente espiritual no coração e, por uma decisão consciente, se orientar em direção a essa voz. Caminhamos sobre uma estrada tão estreita quanto o fio de uma navalha: estamos fazendo com a mente ou estamos fazendo com a intuição vinda do self? Essa pergunta é válida e mesmo necessária. Por isso precisamos do fio de Ariadne para nos conduzir com segurança. A mente concreta, apesar de sua fortaleza e autoconfiança, precisa se deixar guiar por esse fio; a primeira tarefa que recebemos no início do discipulado é reconhecer esse fio. Ele é a voz da mônada em nós; a voz do espírito. É essa voz que nos coloca em inquietação e nos torna buscadores da verdade, buscadores de nossa essência real. Quando nos deixamos guiar por ela, nos acostumamos com o inexplicável e ganhamos a tão necessária intimidade com o espírito em nós.

No começo desse processo, buscamos, buscamos e buscamos fora de nós, até que reconhecemos, como no poema de Rumi, que precisamos nos voltar para dentro. Nesse processo, o pensar concreto continua a desempenhar suas tarefas, pensando, pensando… e direcionando nossa vida comum. Mas, quando a mente abstrata começa a falar no mundo do silêncio, essa mesma mente começa a se render, reconhecendo a voz superior que surge dentro de seu campo de percepção.

Uma imagem clássica dessa transformação é a de João Batista, que vê Jesus caminhando em sua direção. As duas realidades ainda estão separadas, mas já se percebem. Em algum momento elas se unem, se reconhecem como irmãs. Cada uma delas sabe então o que fazer, com relação a si mesma e com relação à outra. Por isso João Batista, o maior entre os nascidos de mulher, confia e sabe que aquele que vem é maior do que ele. João não mais teme o transcendente, que antes lhe soava como algo mágico e inexplicável, porque agora ele está se familiarizando com algo que transcende todo o seu entendimento: o chamado e o encontro com o espírito.

Que esse encontro possa se dar, o mais breve possível, em todos nós.

AS SETE FRATERNIDADES

O sol divino, Vulcano, envia sete tipos de raios à nossa esfera de existência. Esses raios formam um espectro completo de cores: vermelho, laranja, amarelo, verde, azul, índigo e violeta. A Escola Espiritual, de tempos em tempos, liga seus alunos a esses sete tipos de raios mediante um canto mântrico que diz: "Eis que avançamos no vermelho da aliança sanguínea, vivendo do esplendor alaranjado do prana de Deus. Nosso é o áureo coração da glória solar de Cristo! Unidos permanecemos no verde país da esperança! Poderosamente a amplidão se nos abre à distância... A nuvem do Senhor, colorida de índigo, precede-nos. Então a face é despojada de todo o véu, e o manto violeta dos reis-sacerdotes nos espera".

Esse sol divino brilha no mundo e desperta o átomo centelha do espírito no coração humano. Uma fragrância agradável a Deus se eleva do átomo centelha do espírito, que com razão também é denominado altar, a fim de preencher o santuário da cabeça para que o homem sacerdotal possa compreender a palavra do Espírito Santo.

Eis por que não é o espiritual que vem primeiro, porém o que diz respeito à alma; depois vem o espiritual! O novo passo é, assim diz Paulo, "... um segredo de salvação", portanto, um "remédio", um meio para tornar-se são.

Na Escola Espiritual da Rosacruz Áurea iniciamos nossa via das rosas rumo à manhã da ressurreição. A Fraternidade da Vida não conhece fronteiras, nem países, nem cores, nem raças. Ela sempre faz parte da essência mais profunda do ser humano, que é a mesma hoje e sempre. Como meio de aproximação com o ser humano, e no próprio ser humano, a Fraternidade sempre usa uma ponte, uma forma de conexão. E a ponte – o ponto de ligação entre a Fraternidade e a humanidade – é a consciência, a alma humana.

No processo de aproximação com a humanidade, a partir de seu campo universal, a Fraternidade assume as características particulares de quem dela se aproxima. Por isso a Fraternidade assume, ainda que temporariamente, as formas e as "cores" das nações e povos dos quais se aproxima. E da mesma forma que os povos e nações desenvolvem sua manifestação na Terra, como uma paleta de cores múltiplas e mutáveis, assim também a Fraternidade assume diferentes cores, diferentes nuances de ação e abordagem aos diversos tipos humanos, em seu trabalho libertador.

Esta é a razão pela qual ouvimos que existem 7 fraternidades ativas na Terra, de forma mais ou menos visível, nos diferentes povos e nações. Aqui se faz menção ao fato de que existem também 7 correntes fundamentais de seres humanos, de diferentes tipos humanos que se manifestam na forma dos 7 ramos principais da árvore da vida humana.

Sobre isso, os fundadores de nossa Escola falam a respeito da Jovem Fraternidade Gnóstica, de seu raio particular de ação e da "cor" que lhe corresponde, o "violeta". Também é conhecida a existência da Fraternidade Amarela, que deveria se manifestar a partir dos Andes e na América Latina. Também nos contam como a Fraternidade Amarela dos Andes não se manifestou na matéria, e como a Fraternidade Violeta, cujo raio de ação é planetário, recebeu a missão de trabalhar em seu lugar, como se tivesse adotado o continente sul-americano.

Como foi dito, a Fraternidade é una e indivisível; como forma de conexão temporária, só toma as características das pessoas de quem se aproxima. Também é fundamental compreender que em sua manifestação na matéria a Fraternidade nunca atua isoladamente. Cada uma de suas iniciativas tem um claro "raio" de ação, uma linha de força que a distingue de todas as outras. Mas em sua manifestação global, todas essas iniciativas são complementares, formando no éter do mundo a imagem superior do grande mosaico que é a soma da vida de todos os seres humanos e povos.

Identidade e complementaridade são duas ideias aparentemente díspares, mas essenciais para o trabalho da Fraternidade. Assim também devemos ver e compreender o trabalho da Fraternidade Amarela e da Fraternidade Violeta. Em essência, essas duas Fraternidades são a mesma. As diferenças entre todas as iniciativas dessas Fraternidades se encontram apenas na parte externa, na concretude da ação; o seu ponto de partida é sempre o mesmo. A Fraternidade Violeta tem como ponto de ação, ou manifestação no ser humano, a união de seus dois poderes mentais no santuário da cabeça – a vontade e o pensamento –, representados pelas cores vermelho e azul, que em sua união formam a tonalidade violeta. A Fraternidade Amarela tem como ponto de ação, ou manifestação no ser humano, o eixo da vida e a compreensão da nova vida a partir da realidade concreta – representada pela cor amarela, símbolo do plexo solar no santuário da vida. Apesar disso, assim como todas as outras Fraternidades de todos os tempos e povos, ambas têm como ponto de partida o único ponto possível, que é a mônada divina no núcleo do coração do microcosmo, a centelha do espírito.

Por isso, embora se destinem a diferentes tipos humanos, que em determinadas épocas apresentam características típicas mais ou menos diferenciadas, o método básico de iniciação segue uma fórmula fundamental única, cuja base pode ser reconhecida claramente como sinal inequívoco da presença e do trabalho da Fraternidade.

Tomemos um dos inúmeros exemplos do trabalho milenar da Fraternidade Amarela no continente sul-americano, o método de iniciação dos incas, uma das últimas e mais conhecidas manifestações da grande nação Quechua antes de seu encontro com os europeus, e da transformação da América Latina neste grande laboratório humano de mistura de povos e destinos. Quando levantamos o véu das aparentes diferenças e dos mitos, que desfiguram as reais intenções por trás dos ritos, encontramos a prova incontestável da perfeita unidade da obra da Fraternidade. Nas ruínas da cidade de Cuzco, e nos centros iniciáticos ao seu redor, encontramos a sequência do trabalho iniciático da Fraternidade nos templos originais dos incas, cuja origem se perde nos séculos, e misturam e mesclam os inúmeros fios de todos os povos dos Andes, do Titicaca, ao extremo norte, ligando-se aos impulsos dos maias e astecas, na América Central e do Norte, e também aos povos originais que se espalharam pelo restante do continente sul-americano, dentre os quais os tupis-guaranis. No conjunto de templos incas das antigas cidadelas iniciáticas se encontram 6 templos: o templo do Sol – Inti; o da Lua – Killa; o do Relâmpago – Illapu; o do Arco-*Í*ris – K'uychi; o das Estrelas – Kkillur; e o do Absoluto – Wira-Cocha; juntos, formam o 7º templo, o templo Imaterial.

Quando olhamos para as cidadelas iniciáticas modernas dos atuais centros de conferências da Jovem Fraternidade Gnóstica, também encontramos essa mesma estrutura de templos, que formam o aspecto visível dos diferentes aspectos do corpo vivo da Escola Espiritual, a saber: o primeiro templo – o do primeiro aspecto, onde o aluno entra em contato com o verdadeiro Sol Central, Inti, a centelha atômica do espírito; o segundo templo – o do segundo aspecto, onde o aluno aprende a reorientar os 3 aspectos de sua alma, a Lua de seu microcosmo, Killa, ao divino princípio em seu coração; o terceiro templo – o do terceiro aspecto, quando após um longo trabalho preparatório o aluno atravessa o deserto de sua consciência do ego, e abre a porta de seu microcosmo para a entrada do Espírito, o Raio, Illapu; o quarto templo – o do quarto aspecto, onde os 7 raios do Espírito, os 7 Raios do Arco-Íris, K'uychi, penetram na estrutura orgânica da alma e iniciam o processo de transfiguração; o quinto templo – o do quinto aspecto, quando a nova consciência nascida do Espírito, a alma espiritual entra conscientemente no Caminho das Estrelas, Kkillur, o novo campo astral; o sexto templo – o do sexto aspecto, o início da festa da vitória, o princípio da vida consciente no Absoluto, Wira-Cocha, o verdadeiro campo etérico, a sexta região cósmica; e em sétimo lugar, a Vitória sobre o Tempo e o Espaço, o sétimo templo, o grande templo branco, o templo Imaterial, o novo campo de vida consciente e ativa da Fraternidade.

A Fraternidade Amarela continua ativa no campo etérico. Talvez ainda esteja ativa no campo material, nos recônditos dos Andes, longe dos olhares e da especulação dos profanos. Porém não precisamos ir muito longe para encontrá-la, pois a Fraternidade Amarela está ativa bem aqui, diante de nós, ao nosso redor e dentro de nós, no campo de força e luz da Escola Espiritual.

Violeta e amarelo não são cores opostas: são cores irmãs, gêmeas, porque são complementares. Em cada um dos hemisférios da Terra a mesma cor vibra em um padrão aparentemente inverso, como a direção dos campos magnéticos e a rotação dos polos, e o que parecem ser opostas, na verdade, são imagem e semelhança umas das outras, como irmãs gêmeas que se encontram diante do véu de um espelho. A mesma Fraternidade e o mesmo método, em povos diferentes e hemisférios diferentes; diferentes tipos humanos, porém a mesma centelha do espírito.

Assim, com o coraç***ão*** cheio de gratidão e de compreensão diante dos áureos fios por vezes inextricáveis e inexplicáveis dos desígnios da Fraternidade, reafirmamos que é um raio do único e grande templo que está entre nós. Nossa fidelidade inalienável, nossa orientação inequívoca, e nossa dedicação inabalável à Fraternidade Una, à Fraternidade da Vida que está aqui, ao nosso lado, agora e sempre!

Nessa base, são os nossos mais sinceros votos que o Deus do Amor nos acompanhe e guie na sagrada missão a serviço da Luz das Luzes!

NÃO SE PÕE VINHO NOVO EM ODRES VELHOS

Vivemos um tempo em que a vida e as pessoas têm pouco valor, uma época em que nossos limites individuais e coletivos são constantemente desrespeitados. Diante das mudanças causadas pela pandemia de Covid que se iniciou em 2020, no vaivém entre a necessidade de reclusão e a retomada do novo normal, nosso ritmo de vida foi totalmente virado do avesso. Parece que voltamos ao passado! Somos solicitados a fazer cada vez mais em menos tempo, a fazer e a desfazer coisas repetidas vezes, a criar esquemas e estruturas em nossa vida para logo depois desfazer tudo e recriar tudo novamente, em um ritmo acelerado e alucinante. Não é assim que temos vivido nestes últimos anos, e mesmo antes da pandemia?

Com certeza todos foram apanhados nesse carrossel louco, alguns em maior escala, outros em menor, mas essa é a maneira como as coisas estão indo para a maioria. E, confusos pelo caminho que nossa vida está tomando, nos perguntamos: "Qual é a razão para tudo isso? O que realmente está por trás disso?" A causa raiz é a reação negativa em relação à verdadeira vida, ao real impulso para a vida espiritual. Mas, por quê? O que podemos fazer por este mundo tão confuso, nós que encontramos um caminho que possibilita o despertar espiritual? Será que tudo o que acontece na sociedade é consequência da maneira como as pessoas vivem? Talvez não.

Seria fácil demais e mesmo simples demais aceitar ou culpar o mundo e os outros pela nossa própria miséria, se vestíssemos uma capa de autopiedade, adornada com alguns argumentos esotéricos minimamente razoáveis. Poderíamos justificar tudo como sendo consequência do lento processo coletivo de amadurecimento de autoconsciência, jogando a culpa na lei do carma, por exemplo. Mas **não**. A razão para tudo isso não está fora, nem mesmo em uma implacável lei cósmica, e sim em nós mesmos, e por consequência, em tudo o que criamos e que se encontra e se manifesta ao nosso redor.

O pensamento e os esquemas racionais criam um paradoxo perigoso: é a tentativa de usar velhos métodos mentais e organizacionais nesse tempo fluídico que não pode mais ser previsto, moldado ou formado por ideias de dois anos atrás, para sermos bem conservadores. Como humanidade, podemos ser considerados vasos velhos nos quais uma nova essência de vida está sendo colocada. Então, somos confrontados com o que Jesus respondeu aos discípulos de João: "Não se põe vinho novo em odres velhos".[4]

Quando tentamos colocar a essência de uma vida aquariana em formas carcomidas e ultrapassadas, criamos uma antítese, um conflito entre a vida universal ilimitada e a vida individualizada, egocentralizada. É assim que alimentamos o caos, aceleramos e aumentamos a dicotomia, a separação em nossa vida e, por consequência, a separação de tudo e de todos ao nosso redor. E nesse processo caótico perdemos o real senso da vida, transformando-a em uma cadeia de acontecimentos sem sentido: um mundo onde a existência humana tem cada vez menos valor, uma existência preenchida pela frieza, distância, dureza, amargura e violência, com guerras e conflitos entre países, como estamos presenciando nestes dias. O crescente amortecimento da consciência diante da derrocada dos valores considerados humanos comprova isso.

4. Bíblia. *Mateus* 9:17.

Mesmo assim, a vida real nos chama para algo diferente, para uma verdadeira revolução, para inverter o destino da humanidade, começando por nós mesmos, pela oportunidade que nos é dada de assumir o risco de viver de acordo com uma lei e um princípio diferentes, o desafio de viver como alguém que, conscientemente, se dedica a fazer nascer em si uma nova alma.

Esse desafio não está longe de nós. Os sintomas de que ele já está em nós é a busca espiritual que todos trazemos como um fogo que incendeia nosso coração e se reflete em nossa cabeça e em nossas mãos, nos levando a pesquisar, a questionar, a buscar e finalmente encontrar a origem e o destino de nossa vida. Esses são os ecos da nova alma que quer nascer em nós. A alma é a ponte entre o espírito e a matéria, ponte feita de consciência e de autopercepção. E uma nova alma é chamada para guiar a mudança do próprio ser para um novo tempo e, o que é fundamental, para formar a ponte que pode e deve levar toda a humanidade a esse novo tempo. É atravessando essa ponte que podemos encontrar tudo o que, intuitivamente, buscamos como indivíduo e sociedade, e que está na base de todo o desenvolvimento da vida humana: valores perenes e universais; compreensão do sentido da vida; a verdadeira amizade e fraternidade; o equilíbrio interior e exterior; a paz entre indivíduos e nações; a aceitação e o acolhimento de todos como são e, finalmente, o compartilhamento, a justiça e a equidade.

A Escola traduz tudo isso em três palavras: bondade, verdade e justiça. Não são esses os valores que parecem estar se evaporando? Daí a necessidade de reconstruir essa conexão com o espírito universal, por meio da qual podemos encontrar esses verdadeiros atributos da vida que perdemos no caminho da separação com o todo, e que ainda estamos perdendo no apressado passo adiante, passo acelerado, mas sem direção.

Não se trata de começar a sonhar com um novo mundo no meio da conhecida realidade em que vivemos. Pelo contrário, temos a chance de reconhecer um novo mundo em nós mesmos, mas que está além de nós. Essa é uma real e nova possibilidade para todos os que sinceramente esperam e anseiam por isso. Essa autorrevolução interna e profunda deve nos levar a uma fronteira em nossa vida, à margem de algo quase inconcebível. E quando chegarmos a esse limite, como se todas as coisas finalmente tivessem acabado, e não sobrasse muito de nós além do reconhecimento concreto da realidade, então restariam nesse vazio existencial apenas migalhas desse nada, como uma síntese do encontro consigo mesmo. Nesse momento, o único impulso será compartilhar essas migalhas que, mesmo sendo um nada, podem ser divididas com aqueles que estão no mesmo caminho do reencontro consigo mesmos. Faremos isso preenchidos pelo impulso de compartilhar o que restou de real em nós com estes que chamamos de "companheiros", com quem "compartilhamos o pão" – nossos "com" + "pane", nossos "verdadeiros amigos". Quem são esses com os quais devemos compartilhar tudo isso, essas descobertas, essa espécie de "pão" que alimenta nossa alma? Em essência, todos nós temos três "companheiros" que estão sempre conosco, saibamos ou não.

O primeiro é aquele que nos oferece o "p**ão**", o alimento para uma nova vida: a centelha do espírito em nós. É a força dessa centelha que nos desassossega, nos incomoda e nos transforma em buscadores da verdade. A centelha divina se oferece a nós; em sua oferenda incondicional, ela estende suas mãos em nossa direção, a cada dia, a cada minuto, nos incomodando, nos chamando, tentando nos despertar desse sono frenético e dessa vida tresloucada.

Podemos nos perguntar: quantas vezes em um dia, ou mesmo quanto tempo de nossa vida dedicamos para estender de volta nossas mãos a esse companheiro silencioso, para receber e aceitar com alegria esse "santo pão" que ele nos oferece? Será que nos abrimos a essa oportunidade, na grandeza de sua extensão e com tudo o que decorre disso? Será que nos abrimos para a real transformação, com a totalidade de nosso ser, saciando a fome que temos do espírito?

O segundo "companheiro" é o nosso grupo, formado por aqueles que estão tentando fazer exatamente o mesmo que nós: cada qual buscando o reencontro consigo mesmo. É aqui que encontramos algo mágico: a força de um grupo com um mesmo objetivo. De maneira bem simplificada, um campo elétrico é um campo de força provocado pela ação das cargas das partículas colocadas sob influência mútua. Usando isso como analogia, pode-se dizer que a união de pessoas que trazem em si a energia da busca espiritual forma, de igual maneira, um campo elétrico, um campo energético. Na Escola da Rosacruz Áurea chamamos esse campo energético de corpo vivo. À união dessas pessoas com esse mesmo objetivo chamamos de unidade de grupo. Esse é nosso segundo companheiro: o corpo vivo, uma edificação espiritual feita com as diferentes pedras de construção que somos nós, alunos e alunas. Esse edifício é amalgamado e mantido unido pela unidade de grupo. Cada um de nós deve oferecer sua descoberta, sua energia, seu empenho ao processo de libertação do grupo. Assimilando, compartilhando, oferecendo, vivendo e juntos comendo o próprio "pão", cada um pode viver e ser alimentado pelo despertar das consciências fortalecidas e vivificadas pelas "experiências" vividas em grupo.

Cada um deve, no devido tempo, buscar descobrir o que é esse grupo de pessoas que têm o mesmo objetivo de vida e com ele se unir paulatinamente, mantendo, obviamente, as particularidades e vivências próprias. Não se trata de perder a individualidade; pelo contrário, trata-se de descobrir a verdadeira identidade espiritual maior, como a gota de água que se uniu ao mar mantendo-se gota.

A descoberta da força do grupo deve fluir em nós como uma corrente de água viva, que constantemente circula e energiza tudo ao seu redor. Ela é como um convite permanente para ultrapassar nossas barreiras e nossa própria maneira de ser, pois um grupo serve como espelho, no qual podemos ver a nós mesmos e aquilo que precisa ser trabalhado em nosso interior.

O nosso terceiro "companheiro" é toda a humanidade. De antemão, note que não devemos nos tornar "pré-ocupados" e tentar abraçar a humanidade com nossos próprios braços e nossas limitadas possibilidades; muito menos medir os resultados de nossos esforços individuais e coletivos por padrões e referências externas. Em vez disso, devemos inteligentemente abraçar toda a humanidade por meio de dois "movimentos". Em primeiro lugar, compartilhando "nosso pão" com nossos "companheiros" – ou seja, com todos os alunos e alunas que, assim como nós, buscam a mesma transformação, a transposição da vida limitada pelo tempo e espaço, pela via da unidade de grupo. E em segundo lugar, na medida em que nossa nova alma - que desperta, cresce e amadurece - é doada como oferenda ao grupo, expandimos essa vivência compartilhando essa transformação com toda a humanidade, recebendo e doando esse alimento espiritual. Muitas vezes nos consideramos pequenos e incapazes. Mas o viver da nova alma pede que invertamos os caminhos e que tenhamos a coragem de compartilhar também nossa limitação, sem medos ou reservas. Quando dividimos nossa miséria, sem reserva, encontramos a porta para a maravilhosa multiplicação da vida real em nós.

Que possamos nos tornar esses reais “companheiros”, unidos pelos laços da nova alma, como seres humanos que se reconhecem como partícipes da Távola Redonda, um verdadeiro círculo de buscadores do Santo Graal.

Que a Mão de Deus possa nos guiar ao esplendor desse Caminho de Luz!

VIVER COMO SER-ALMA

O autoconhecimento, que permite compreender o estado de separação interna entre a vida na matéria e a vida do espírito, deve e precisa acontecer na vida atual, em toda sua agitação, em meio ao seu contínuo ciclo de construir e desconstruir. Como vimos no capítulo anterior, o sentido real da vida está se perdendo, transformando nossa vida em uma sequência de acontecimentos sem sentido, que gera uma sociedade que cada vez menos valoriza a vida humana. É em meio a esse estado de coisas que o espírito nos chama para, começando por nós mesmos, invertermos o destino da humanidade, abrindo-nos a uma lei, cujo princípio é totalmente diferente: o de viver como um ser-alma.

O que seria viver como um ser-alma? Todos nós temos uma alma que nos dá vitalidade: isso já não seria suficiente? Por que a Escola fala em viver como um ser-alma, como se isso fosse completamente diferente daquilo que vivemos normalmente?

Para muitos, uma nova alma é alcançada quando um novo conhecimento é adquirido. Se fosse assim, quanto mais o ser humano se aprofundasse nos estudos das velhas escrituras ou das manifestações modernas da filosofia perene, mais perto estaria de uma mudança radical e elevada em seu jeito de ser e da iluminação espiritual. Mas o que a Escola propõe é algo totalmente diferente, como se verá a seguir.

Já foi dito e repetido que alma é sinônimo de consciência e, portanto, viver um novo estado anímico é viver um novo estado de consciência. O objetivo do processo proposto pela Escola é a transposição do estado de ser nascido do tempo e espaço para um novo estado de vida na eternidade. Portanto, a cada um desses campos de vida corresponde um estado de consciência.

E é necessário que seja construída uma ponte entre essas duas realidades de vida tão distintas. Na crise em que estamos como sociedade, a vida humana perde cada vez mais sentido e valor. A proposta da Escola é exatamente o oposto disso: levar o ser humano a descobrir um novo e real sentido para a vida. Esse é o resultado de uma nova alma, de uma nova consciência.

Mas como se dá a transposição da alma natural – com sua consciência tridimensional de tempo e espaço – para a nova alma? A esse respeito, Rijckenborgh diz:

> A consciência de que o homem dispõe e que ele conhece é, por natureza, egocêntrica. Ela possui um núcleo, que é realmente um eu. Outra consciência, de natureza humana sublime, o homem não conseguiria imaginar. Todavia, semelhante consciência é perfeitamente possível. A consciência que denominamos a do novo homem é de natureza totalmente diferente. Ela é totalmente não egocêntrica, é até mesmo fundamentalmente desprovida de eu, não no sentido moral ou ético, mas fundamentalmente; ou seja, ela não possui núcleo. Poder-se-ia descrevê-la como tendo sua sede no microcosmo inteiro. Trata-se, portanto, de uma consciência microcósmica, oniabarcante. Essa consciência microcósmica, no estágio seguinte, desenvolve-se numa consciência cósmica e, num estágio posterior, numa consciência macrocósmica. A melhor descrição que se pode fazer disso é que se trata de uma consciência no eu, mas simultaneamente, de uma consciência em tudo e em todos. Observai, então, que toda a separação deverá desaparecer. O *wu wei*, o não-fazer, objetiva [um aproximar-se, segundo a vida comum] da nova consciência divina. Essa aproximação é aconselhada para remover, tanto quanto possível, a enorme diferença que existe entre essas duas manifestações de consciência e criar, assim, uma base para novas forças de consciência potencialmente presentes na rosa do coração. Em decorrência, o eu perde seu eu, seus desejos, e não almeja mais amarras. O eu se esforça ao máximo para se neutralizar, a fim de que a nova consciência possa, por sua vez, assumir o controle. Quem ingressa com alegria nesse processo preparatório sente uma corrente de radiações gnósticas plena de graça, que transfere todo o

> campo do eu para um campo de quietude absoluta. Assim, vive o processo de abrir as portas da eternidade, ao mesmo tempo em que fecha as portas do tempo e do espaço.[5]

Em sua forma mais comum, a espiritualidade é um caminho que leva ao oposto da quietude. Muitas práticas ditas religiosas ou espirituais se apoiam em métodos que reforçam os condicionamentos por meio de exercícios que provocam o oposto da quietude, ou seja, mais agitação da mente. É o acirramento do frágil equilíbrio entre o "fazer humano" e o "ser humano". Frágil, porque gastamos mais energia no fazer e menos no ser. O fazer humano está fundamentado em desejos, mesmo aqueles supostamente espirituais: querer a iluminação, querer a transfiguração, querer a espiritualidade, querer estar mais desperto. Via de regra, querer algo é construir a partir do ego, tendo como base a fonte dos desejos.

Por isso, é preciso perceber com clareza a própria situação, para que o caminho que leva à nova consciência – e que começa com a velha consciência comum – esteja o mais desimpedido possível. Mesmo os ensinamentos da Escola não devem, nem podem, ser tomados como verdades fechadas a serem seguidas cegamente, pois, nesse caso, os alunos estariam simplesmente trocando um modelo mental por outro, também arraigado nas trilhas do eu, talvez decorado com palavras altruístas, elevadas e gnósticas.

Não é esse o papel da Escola! Antes, ela quer nos inspirar a descobrir, cada um por si mesmo, sua verdadeira natureza e o caminho que leva a essa nova realidade. Caso contrário, criaríamos apenas uma segunda versão de Matrix, na qual seriam oferecidos

5. Rijckenborgh J. van; Petri, C. *A gnosis chinesa*, cap. 10-II.

novos modelos de trilhas mentais a serem seguidas e reforçadas.

A rigor, há em nós apenas um estado de consciência. Ou ele se manifesta segundo os padrões do tempo e do espaço, ou ele está orientado para a eternidade. Mas talvez seja mais didático dizer que entre esses dois extremos há muitos estados intermediários. Na Escola falamos desses estados de consciência como sucessivas fases de transformação e elevação. Na Bíblia encontramos esses mesmos exemplos. Lendo o Novo Testamento sem preconceito, mas com a compreensão de que tudo o que ali está registrado nada mais é do que a própria história de nossa transformação interna, veremos várias fases. Tudo começa com João, o estado precursor da busca espiritual. Este estado de consciência é decapitado e se torna Jesus. Também o estado Jesus, por mais sublime que seja, não pode permanecer para sempre e é sacrificado na cruz, que simboliza o próprio ser humano. É assim que nasce a consciência Cristo.

Só que essa consciência não pode se manifestar segundo a carne; por isso o sepulcro é encontrado vazio, e essa consciência se manifesta aos doze discípulos – os doze pares de nervos cranianos – de maneira supranatural, segundo a narração de Pentecostes.

Viver de maneira consciente esse processo recorrente de, ao mesmo tempo construir uma ponte, caminhar sobre ela e abandonar o que foi alcançado, exige que os antigos modelos ditos espirituais sejam deixados de lado. Mesmo os modelos que julgamos elevados, eventualmente criados na convivência com a Escola, precisam ser revisitados, avaliados de maneira honesta e, se necessário, deixados de lado.

A aclimatação a esse novo paradigma de vida requer tempo, paciência e inteligência, seja para discernir o que precisa ser aprendido, seja para ter coragem de se desfazer de trilhas mentais nas quais permanecemos atolados. Assim, compreendemos que a consciência humana se manifesta em um *continuum*. De um lado está a identificação com os valores e o eu material. No outro está o novo campo de vida, a eternidade, o que Buda apresentou como *Annata*, o estado de ser que está além do tempo e do espaço, além das definições do eu, além do próprio nome, e que não tem rosto conhecido.

Viver o *Annata* é viver sem o ego, mas com o eu divino. É o estado em que tempo e espaço se fundem na eternidade, não porque a mente queira, mas porque a mente se esvaziou e não espera mais novas instruções sobre o que fazer e o que deixar de fazer. É essa a quietude fundamental mencionada anteriormente. Não se trata mais de satisfazer o eu em seus desejos de iluminação e de posses espirituais. Querer se tornar um ser espiritual com base na mente é como querer que nossa imagem refletida no espelho da consciência seja alterada, sem que a própria fonte da imagem se altere. É claro que a imagem refletida só muda se a própria pessoa mudar.

A mente silenciosa é o berço onde nasce a nova consciência. Não se confunde o berço com o bebê. Um precisa do outro, mas eles são diferentes! Além disso, quando o bebê cresce, ele abandona o berço. A mente, com seus filtros do tipo "isso é bom", "isso é ruim" nos ajuda no começo, mas não nos leva ao final do processo.

O pensamento concreto precisa ser abandonado para que o pensamento no campo abstrato possa nascer. Por isso, não combata nem julgue seus pensamentos, mas busque saber quem de fato você é, antes de pensar, antes de ser preenchido pelos sentidos e suas influências. Isso é perceber a Matrix. E isso é possível quando a própria consciência, a alma, começa a se orientar para o polo divino que está muito próximo dela. É essa fonte irradiante que mostra a saída do labirinto dos pensamentos para a terra onde fala a Voz do Silêncio. A mente, o pássaro falante, não consegue, por si mesma, achar essa saída. Apenas o pássaro silencioso, a voz da centelha divina em nós, pode nos pegar pela mão e conduzir, silenciosamente, para fora do labirinto do eu sou, rumo ao não eu.

Mas para que isso aconteça, é preciso ter passado por muitas experiências, até que a própria mente se canse e se entregue. Esse é o caminho do não ser, o caminho do não eu. Só assim se vive o que foi citado acima: "Quem ingressa com alegria nesse processo preparatório sente uma corrente de radiações gnósticas plena de graça, que transfere todo o campo do eu para um campo de quietude absoluta".

Esperamos que você esteja disposto a viver essa aventura!

TAO: OS TRÊS TESOUROS

O *Tao Te King*, escrito na China por Lao Tsé há mais de 2.400 anos, é considerado a bíblia chinesa. É uma obra compacta, muito velada, composta de 81 aforismos ou ensinamentos, divididos em duas partes: a parte do Tao e a parte do Te. *Tao* significa "o caminho de libertação", mas também pode ser entendido como o "fundamento primordial de todas as coisas" ou simplesmente Deus ou "o Verbo", para o qual tudo deve retornar. *Te* pode ser entendida como "a utilidade e a consequência do caminho de libertação", ou seja, o resultado. *King* indica que ambos, Tao e Te, contêm o método que leva à libertação.[6]

O verso 67 do *Tao Te King* trata de três tesouros: "Eu tenho três tesouros a serem mantidos e apreciados: o primeiro é o amor, o segundo é a frugalidade, o terceiro é não se colocar à frente dos outros". Em nosso mundo de contradições, o amor pode se transformar em seu oposto. O amor humano é geralmente limitado: o que é conhecido pode ser amado e o desconhecido é excluído. O amor como conhecemos também é variável: algo amado em um determinado período da vida pode ser detestado em outra fase. O amor do qual Lao Tsé fala é de uma natureza diferente: não está vinculado ao tempo e ao espaço e não se transforma em seu oposto. Esse amor está intimamente ligado ao conceito compaixão.

A compaixão contínua é uma atividade chamada por Lao Tsé de "Te", que é o resultado do Tao; significa que desde o início do microcosmo a compaixão está escondida no coração, como um casulo. Por meio dessa compaixão o ser humano é capaz de olhar com suavidade e gentileza tanto para si mesmo quanto para seu

6. Rijckenborgh, J. van; Petri, C. *A gnosis chinesa*. p. 26.

semelhante. Ele se torna consciente de que tudo e todos estão em desenvolvimento e, assim, todos sofrem, todos cometem erros, caem continuamente nos mesmos padrões ou esbarram em suas limitações. Por causa dessa compaixão, ele julga menos, torna-se mais gentil. Como diz Rijckenborgh:

> A mansidão é a coragem absoluta, que nada força, que nada poderia forçar, em virtude do estado interior do aluno. A primeira coluna é a ligação com o reino, e a segunda é a força para executar o trabalho. Essa dupla graça de Deus deve ser estabelecida na natureza com mansidão, com a qual a grande vitória deve ser alcançada.[7]

A compaixão permanente se transforma em um poder suave que transforma o interior do aluno. Esse poder o alimenta, para que ele encontre a coragem para perseverar no não-fazer, apesar das necessidades pessoais sempre presentes. Rijckenborgh diz:

> Quando alguém segue o caminho da autoentrega, em silenciosa contemplação, descobre que, apesar de que em seu ser interior ele se mantenha [vazio], a nova vida o inunda com seus raios. A nova vida não lhe pertence; ela pertence ao Outro, porém [o ser natural] se funde nela completamente e desaparece. Este é o ensinamento do não-fazer. Este é o Caminho, a Senda. Este é o Tao.[8]

É preciso refletir sobre como o primeiro tesouro – o amor, a compaixão, a gentileza e a mansidão – atua em nossa vida.

O segundo tesouro é a frugalidade. Esse tesouro significa que o aluno ligado ao Tao lida de forma sensata com os três tesouros permanentes que se revelam em seu coração. Ele não os desperdiça, distribuindo-os para quem não os pede, nem exerce pressão sobre os que estão abertos a ele. Ele é prudente ao dar sua visão de vida, e não dá conselhos não solicitados, porque sabe

---

7. Rijckenborgh, J. van. *O mistério das bem-aventuranças*, pp. 43-44.
8. Rijckenborgh J. van; Petri, C. *A gnosis chinesa*, p. 41.

que todos só podem encontrar o caminho para o Tao por si mesmos. Sua ação bem ponderada brota do amor, sua frugalidade vem do respeito por todos, incluindo aqueles que têm uma visão diferente da vida.

Essa é uma das razões pelas quais o Taoísmo nunca fez trabalho missionário: viver de não-fazer (*wu wei*) não pode ser propagado, apenas praticado. O verso 81 do *Tao Te King* esclarece o seguinte:

> Palavras sinceras não são belas; belas palavras não são sinceras. Aqueles que conhecem o Tao não disputam; quem disputa, não o conhece. O sábio não acumula para si mesmo. Quanto mais faz para os outros, mais tem. Quanto mais dá aos outros, mais aumenta. O Caminho do Céu é favorecer e não prejudicar. O Caminho do Sábio é fazer e não disputar.

Quem segue o Tao é, em todos os aspectos, frugal: age de forma sensata, usa o poder do Te quando necessário para ser capaz de continuar seu caminho, nada mais. Isso exige autocontrole. Na língua chinesa, frugalidade e autocontrole têm o mesmo sentido e, portanto, podemos ver uma conexão entre eles. No verso 59, é dito:

> Para cuidar dos outros e servir o céu, não há nada como a moderação. A marca de um ser moderado é ser livre das próprias ideias. Isso depende da virtude obtida no passado. Se há um bom estoque de Virtude, então nada é impossível para ele. Se nada é impossível, então não há limites. Se um ser humano não conhece limites, então ele está apto para cuidar de um reino. Sendo como uma mãe, pode ser constante em seu cuidado. A isso se chama ter raízes profundas e uma fundação firme, o caminho da longa vida e da visão eterna.

Sobre a virtude, Rijckenborgh diz:

> O amor é sempre seguido pela virtude; ou melhor: amor e virtude ficam lado a lado. Quando o poderoso novo estado astral des-

> pertou no candidato e o novo poder do amor ganha influência sobre ele, há também uma prática totalmente nova da vida, e isso pode ser chamado de "Virtude". Então há uma Lei divina, com a ajuda e orientação da qual o Amor deve ser irradiado, manifestado e aplicado, então esse Amor se torna uma bênção. Essa lei é a Virtude, a Virtude Misteriosa.[9]

É preciso refletir como o segundo tesouro – a frugalidade, o autocontrole, a moderação e a virtude – atua em nossa vida.

O terceiro tesouro é ousar não ser o primeiro, não se colocar à frente dos outros. Esse tesouro atemporal também é descrito como relutância em assumir a liderança do mundo, e isso tem um significado muito profundo no Taoísmo. Significa ousar suportar a carga do mundo inteiro. Requer coragem para ser como o vale do mundo, pois junto com a água, uma espessa camada de lama e resíduos será derramada.

Quem segue o caminho para o Tao conecta-se, assim como o Tao, com todas as dez mil coisas, tanto em seu aspecto *yin* quanto em seu *yang*. Ele aprende a amar e a se conectar com o que o atrai e também com o que lhe instiga aversão. Para isso ele não precisa ir longe, pois esse lado obscuro está dentro dele mesmo, nas sombras de sua personalidade. Acompanhado pela energia amorosa, o servo do Tao desce para o espaço estreito de seu ser interior. Lá ele é confrontado com tudo o que o impele secretamente. Nesse espaço, o antigo está sendo demolido para que o novo possa tomar seu lugar. O amor dá ao aluno a coragem para ir às profundezas de seu interior, e o poder de enfrentar o que ele encontra lá. No verso 78, Lao Tsé diz sobre esse processo:

> Nada no mundo é mais fraco e flexível que a água. No entanto, nada se compara a ela para desgastar o duro e forte. Assim, os fracos podem dominar os fortes; o flexível pode superar o rígido.

---

 9. Rijckenborgh, J. van. *As núpcias alquímicas de Christian Rosenkreuz*, parte I.

> O mundo inteiro percebe isso, mas não o coloca em prática. E assim o verdadeiro sábio diz: "Quem carrega a desgraça do reino está apto para liderar o reino. Quem carrega os pecados do mundo está apto a liderar o mundo. Palavras diretas (verdade) podem parecer tortas (paradoxal)".

O aluno que enfrenta "a desgraça do reino", enfrenta seus mais profundos e ocultos desejos; ele se vê nu diante de si mesmo. Descer em sua própria profundidade traz humildade. Lao Tsé diz que quem segue o caminho para a própria escuridão possui as qualidades para ser um rei, um rei de seu ser interior, pois visitou todo o seu reino interior em humildade e compaixão, das montanhas mais altas aos vales mais profundos. Por meio do poder amoroso do Tao, o bem e o mal, o branco e o preto, foram transformados dentro dele em uma profunda compaixão tanto com ele mesmo como com tudo o que existe. No terceiro tesouro de Lao Tsé o aluno experimenta uma imensa purificação no fogo do amor, que renova e cura todo o seu ser. Passando por esse processo, o amor do Tao o cerca e o protege. Seguindo esse caminho, ele se percebe cada vez mais conectado com toda a existência, tanto nos aspectos positivos quanto nos negativos, mas não está mais ligado a ela. Em seu ser interior ele foi "libertado", enquanto do lado externo ele simplesmente continua com sua vida e seu trabalho.

Este terceiro tesouro pode ser resumido no ousar não ser o primeiro, em empreender a descida às profundezas de seu ser, no autoconhecimento e na humildade resultantes a atuar em nossa vida.

Que esses três tesouros também sejam nossa posse. Que o amor possa orientar e aquecer nosso coração e que a frugalidade clareie nossa mente.

O MEDO

Dos antigos mistérios gregos herdamos a máxima: "Homem, conhece a ti mesmo!". Esta também é a base do processo seguido na Escola Iniciática da Rosacruz Áurea. Mas precisamos aprofundar essa questão, pois o autoconhecimento precisa avançar para distinguirmos três aspectos ligados aos santuários do sistema humano: a cabeça, o coração e a vida. Esses aspectos são: os pensamentos e a vontade – o domínio do consciente – no santuário da cabeça; os sentimentos e os desejos – o domínio do subconsciente – no santuário do coração; as ações e reações – o domínio do inconsciente – no santuário da pelve ou da vida.

Apesar de identificarmos os elementos distintivos de cada santuário, eles estão conectados. A vontade, por exemplo, é o impulso mais interno para a ação – um impulso quase desconhecido para nossa consciência, que se esconde nas cavernas escuras do inconsciente, no santuário da vida, no qual se encontram nossas verdadeiras intenções antes de serem exteriorizadas em ações. De forma mais ampla, o santuário da vida é o reflexo espelhado do santuário da cabeça, tendo o santuário do coração como intermediário, o próprio espelho. Mas também ocorre o contrário, as forças do inconsciente se espelham na cabeça, no consciente.

Esses três santuários se prolongam por todo o organismo humano. O santuário da cabeça inclui não apenas o cérebro e as glândulas pineal, hipófise e tireoide, mas também os órgãos dos sentidos, além de estar conectado com todo o sistema nervoso, incluindo o fogo serpentino. O santuário do coração está diretamente ligado ao funcionamento dos pulmões e a todos os processos rítmicos ligados à circulação sanguínea. O santuário da vida inclui todo o sistema digestivo e metabólico, a força criadora biológica e os membros do corpo.

Um caminho, como o proposto pela Rosacruz Áurea, é para ser compreendido, sentido e praticado. Para isso, todas as limitações do aluno precisam ceder: o coração precisa dar espaço à cabeça e à vida; a cabeça precisa dar espaço ao coração e à vida; e a vida precisa dar espaço à cabeça e ao coração.

Além dos elementos citados, há um aspecto do ser humano que se distingue de tudo isso: a consciência. Segundo Jan van Rijckenborgh, a consciência deve se tornar a regente de todo o sistema humano, pois ela é o núcleo central da alma e o ponto de contato com o espírito. Na condição egocêntrica em que nos encontramos, os três santuários ainda não podem exercer suas funções espirituais; vários fatores impedem que avancemos para realizar todo o nosso potencial espiritual. E entre esses impedimentos, o medo é um dos mais poderosos.

O medo é uma chama escura que envolve e obscurece o fogo original do espírito e impede que sua pura luz brilhe, criando imagens ilusórias para a consciência que se deixa aprisionar – e isso é verdade para praticamente toda a humanidade. Na pré-história, o ser humano iniciou o processo de individualização da consciência impulsionado pelo medo ocasionado por um ambiente exterior inóspito:

> [...] desenvolveu-se o medo, um medo tão terrível e tão desmedido que a atividade inconsciente do plexo sacro até hoje conserva seus vestígios. Esse medo despertou sentimentos individuais, e assim surgiu a individualização. [...] O ser humano se desenvolveu até adquirir uma consciência-eu. [...] A partir desse momento, a criação humana no sentido terrestre estava completa. [...] A partir desse momento, o ser humano deveria elevar-se, com base na consciência-eu, a um bem superior, a um desenvolvimento ulterior... [...] Todavia a consciência-eu não

> era visada como coroamento do processo original de gênese, mas apenas como uma fase.[10]

Da mesma forma que a consciência-eu desenvolveu-se sob o impulso do medo, ela também se mantém pelo medo. Esquecendo de sua unidade com o todo, separando-se de tudo o mais, ela tenta se proteger e se isolar, impulsionada pelo medo.

Mesmo nós, como alunos e alunas da Escola, andamos curvados sob o chicote do medo. Podemos negar e esconder esse fato, nos tornar agressivos e violentos, porque defendemos o que foi duramente conquistado: nossa consciência-eu. Mas desse modo não conseguimos avançar para a próxima etapa do desenvolvimento da consciência. Esse medo está presente no mais profundo do ser, sem que muitas vezes o reconheçamos. Sim, o medo está escondido porque o ego o revestiu com uma roupagem de justificativas, ilusões e falsas certezas.

No que diz respeito ao santuário da vida, o medo da própria realidade espiritual pode transmutar-se em ódio, zombaria e desprezo contra a revelação espiritual no santuário do coração, e em passividade e dúvida em relação à luz espiritual no santuário da cabeça.

No santuário do coração, o ódio e o desprezo pela revelação espiritual não estão presentes apenas nos que têm uma crença materialista, mas também em cada um de nós, pois, sutilmente, de uma maneira que não confessamos nem para nós mesmos, negamos e zombamos do próprio caminho que escolhemos. Desta forma protegemos o ego que assim permanece intacto em sua zombaria e autodesprezo, que são outras vestes para o medo.

No santuário da cabeça, o medo inconsciente da vivência espiritual está continuamente encontrando argumentos e justi-

10. Rijckenborgh, J. van. *O mistério da vida e da morte*, cap. 10.

ficativas contra o conhecimento espiritual, procurando razões lógicas para negar a própria experiência direta. Ali o medo se disfarça de passividade mental. Nessa passividade, acompanhamos o que acontece ao redor, mas sem utilizar a faculdade do pensar, apenas assimilando tudo de forma preguiçosa e confortável, porque tememos os horizontes que o pensar livre e autônomo nos abre. Podemos assim cair facilmente no pensamento de manada, que simplesmente aceita sem questionar todos os conceitos e verdades de uma determinada corrente filosófica, ideológica ou religiosa – e isso vale também para os conceitos que ouvimos e aprendemos na Escola.

Mas se o impulso para a vida espiritual parte de um coração realmente amadurecido pelas experiências, o próprio cansaço se transforma, e uma nova realidade se abre para aquele que vislumbra o caminho da liberdade. Não uma realidade que se manifesta por meio de novas crenças ou de novas autoridades, mas da própria vivência. O pensamento livre, por outro lado, quebra todas as estruturas dogmáticas, todas as falsas certezas. Ele é como uma águia que voa livre. Porém, ele começa como um pequeno filhote de águia, que se depara com o grande abismo no qual deve se jogar. Diante desse desafio, a consciência humana pode estancar e dar um ou muitos passos para trás. O ser humano de hoje, tão centrado em si mesmo, tem medo da liberdade concedida pelo espírito. Para o ego, o espírito é o vazio, o nada, talvez até a morte, e por isso ele o nega, pois nega a realidade fundamental de seu próprio ser.

Além do pensamento livre, a nova faculdade mental tem outra capacidade, que é a da pura percepção neutra, livre de preconceitos e automatismos. Essa faculdade permite o real conhecimento de si mesmo, a percepção direta da realidade psíquica, que pode ser percebida com objetividade, sem autojulgamento e autocondenação. Essa capacidade pertence ao núcleo da alma, à consciência. Ao ser empregada, a consciência pode se despir de seus envoltórios – que são os pensamentos e a vontade, os sentimentos e os desejos, as ações e reações – até que reconheça sua essência pura.

De nada vale negar o medo, fugir dele ou tentar substituí-lo pela coragem. Não, o caminho é colocar a luz da consciência pura, que arde sobre os três santuários, para agir. E ela age por meio da auto-observação, do reconhecimento das coisas como de fato são. Precisamos de coragem para ir além do medo, mas não de uma coragem construída artificialmente pelo ego, que se desfaz ante a próxima dificuldade da vida, e sim da coragem como força do coração, que nos guia e nos fornece a luz para o autoconhecimento, para nos observarmos como somos, sem máscaras, sem a autoimagem idealizada. E faz parte do caminho encarar nossos medos de frente, porque o que está escondido deve ser revelado, para ser trabalhado pela consciência. Precisamos conhecer o medo, até nos familiarizarmos e nos tornarmos íntimos com ele. A faculdade de autopercepção nos aproxima do presente absoluto, e isso traz necessariamente a presença do medo, pois nessa aproximação já não há fuga possível para o passado ou para o futuro. Já não há maneiras de justificar a si mesmo nem de culpar os outros. Não há mais adiamento possível. Não é mais possível atenuar ou adoçar a experiência, nem procurar alguma distração. Estamos frágeis e vulneráveis, porque já não há em que se apegar, nenhuma base material ou mental na qual se sustentar. De certa forma, estamos encurralados.

E é aí que precisamos ficar por um tempo, explorando e conhecendo, a partir da faculdade da nova consciência. E é assim também que descobrimos o segredo da verdadeira superação de todo medo. E é assim que desmoronam todas as barreiras entre nós e os outros, e que descobrimos a delicadeza, a humildade e a compaixão.

Para encontrar o que é indestrutível, é inevitável conhecer a destruição. Quando tudo se desintegra, algo novo surge. Quando todas as formas de autoproteção falham, quando toda autoilusão desmorona, quando já não há mais instrumentos para manter a autoimagem que construímos com afinco, então o que existe para além da ilusão se mostra.

Mas não tenhamos a ilusão de que uma experiência isolada vai resolver todos os problemas e nos livrar de todos os medos; não é assim. A vida é um contínuo construir e destruir, e isso não é diferente para os alunos de uma escola iniciática. Tudo é impermanente, e só reconhecendo e aceitando isso passamos a fluir com a impermanência, deixamos de resistir à corrente da vida. Ao contrário, entramos no processo acelerado em sintonia com o ritmo do coração planetário; o processo do sacrifício perfeito, do amor. O ser humano que escolhe esse caminho passa por muitas experiências e precisa resolver muitos conflitos em pouco tempo. Mesmo assim, ele se mantém firme no caminho, pois vislumbra as bênçãos da realidade espiritual que o aguarda.

Este não é um objetivo sublime apenas para poucos indivíduos especiais. Ele está acessível para todos os que anseiam por ele. Este é um caminho para cada um de nós que sente o peso da vida. O momento para caminhar é agora e o local é aqui. Os instrumentos de nossa caminhada são o próprio medo, a ansiedade, a preocupação, a irritação, o ressentimento, o ciúme, a inveja, as decepções, tudo o que conhecemos tão bem, mas que tentamos dissimular e esconder de todos, principalmente de nós mesmos.

Este é um processo de cura, em que abrimos espaço para que as forças curativas do Espírito Santo atuem em nós. Que tipo de espaço é esse? É o espaço para a destruição e para a reconstrução, para a angústia e para a alegria, para o pesar e para o consolo. É o espaço da simplicidade, da abertura para o novo, do não saber, da autorrendição. Nesse espaço, o velho eu, apegado e dependente, se desfaz. Nele encontramos finalmente nossa natureza fundamental, o ser real, que rompe todas as barreiras, que elimina toda divisão e, portanto, toda angústia, toda dor e todo medo.

O TEMPLO TRÍPLICE

Desde a aurora dos tempos, a Fraternidade da Vida acompanha a humanidade em seu longo caminho de desenvolvimento. Os grandes do espírito sempre estiveram presentes, aportando seu imprescindível auxílio, visando tocar, despertar e guiar a humanidade em seu caminho rumo à plena realização da verdadeira vida. No princípio, trabalhando pela humanidade; posteriormente, com a humanidade; e atualmente, por meio da humanidade.

Desde sua intervenção nos campos sutis, visando a formação e o gradual amadurecimento do núcleo da consciência humana, ao impulso civilizatório que permeou a história dos grandes povos e nações do passado longínquo, até a permanente revolução de novas ideias que constantemente nos impulsionam no presente, desde a ciência, a arte e a espiritualidade, podemos afirmar, com toda certeza e profunda gratidão, que a Fraternidade da Vida sempre se fez e se fará presente, como a irmã mais velha e amorosa da humanidade, impulsionando-a até a consecução de seu elevado objetivo de vida. A Fraternidade da Vida, a comunidade das almas imortais, lança constantemente novos impulsos a partir do campo de vida da eternidade, além dos limites da mente tridimensional aprisionada no tempo.

Tais impulsos são poderosas sementes ígneas, verdadeiras concentrações do mais puro éter de fogo, o quinto éter, que abriga e sustenta o pensamento abstrato da mente superior, que se encontra além da última e mais sutil esfera dos campos etéricos formados pela humanidade, que demarca o limite de nossa natureza comum em nosso cosmo, o campo do pensamento concreto, formado pelo quarto éter, o éter refletor.

Essas sementes ígneas do pensamento abstrato são formas pensamento de uma natureza completamente diferente daquelas que conhecemos, pois não são formadas pela combinação de elementos mais simples, como nos fala Hermes Trismegisto, e por isso não estão sujeitas à decomposição inevitável de todas as criações do pensamento comum, que se desagregam em seus elementos mais básicos, à medida que seu tempo passa, tornando-se anacrônicas e irrelevantes.

Simbolicamente, as criações do pensamento humano comum são formadas "do pó e ao pó retornarão". Formadas por "blocos etéricos" criados a partir da mente tridimensional, à medida que o tempo transcorre ele as demole, como as águas de um rio caudaloso arrastam em seu curso as rochas e pedras que encontram, dissolvendo-as lentamente, até que se decomponham em suas formas elementares.

Eis porque é sempre possível reconhecer a marca indelével da Fraternidade da Vida, pois tudo aquilo que emana de seu campo superior de ideação não está sujeito às mesmas leis de decomposição e desagregação. A forma, as roupagens que tais ideias ígneas utilizam para se manifestar concretamente são formadas pelos quatro éteres naturais, perceptíveis para a consciência humana, caso contrário, não poderíamos ser tocados por seu impulso, que permaneceria invisível e insensível à nossa percepção atual. As ideias ígneas, os arquétipos viventes do quinto éter, o éter de fogo, sempre se revestem dos éteres refletor, luminoso, vital e material para projetar uma imagem temporal perceptível e assim se manifestar no campo da percepção humana.

À medida que o tempo passa, tal imagem exterior, formada dos elementos do tempo, também se decompõe e se desagrega; porém, mesmo nesse caso, deixa uma marca que não pode ser apagada, qual memória ancestral vivente, além dos limites da compreensão temporal. Qual relógio cósmico, preciso e infalível, que marca os ciclos da consciência humana em sua constante transformação, quando as condições externas o permitem, a mesma ideia ígnea, que vive no quinto éter, aproxima-se da esfera mental da humanidade, tomando as novas vestes desse tempo, para se manifestar novamente, em perfeita imutabilidade.

Essa nova manifestação da Fraternidade da Vida torna-se então reconhecível para os que se enobreceram para tanto, em cujo ser encontram-se gravados os impulsos anteriores de sua manifestação, reconhecendo assim a mesma assinatura magnética, em uma roupagem diferente, porém em perfeita unidade de princípios. Por isso é possível lançar um olhar até o passado longínquo, e reconhecer, nos lugares mais remotos e tempos mais distantes, por baixo da camada exterior de símbolos e roupagens passageiras, o mesmo impulso imutável da Fraternidade da Vida, qual ígneo fio de Ariadne, que vem até nós, no coração do labirinto de nossa natureza comum, para nos tocar, despertar e conduzir até a liberdade final da alma renascida. Desde o antigo Egito à Grécia clássica; dos santuários ancestrais da Índia e da China; dos hebreus aos cristãos gnósticos; dos astecas, maias, incas e waris; dos cátaros e rosa-cruzes da Renascença até os nossos dias, todos esses impulsos, na diversidade da forma, trazem a marca da perfeita unidade do trabalho da Fraternidade da Vida, que é sempre o mesmo e sempre atual. Trata-se da manifestação do Templo Tríplice da ideação divina, na forma de escolas iniciáticas que sempre constroem e reconstroem suas cidadelas à imagem e semelhança do único e grande templo que está no meio, o Templo Tríplice do arquétipo humano-divino.

Esse santuário tríplice, à imagem e semelhança do real arquétipo humano, sempre possui três elementos: a vida, a consciência e a transcendência; simbolicamente, o corpo, a alma e o espírito. E em suas grandiosas manifestações no passado, tais elementos também sempre se manifestaram em três espaços claramente delineados, a saber: a praça, o templo e o santuário; o campo do encontro, o laboratório da alma e a forja do espírito. A praça, como o campo do encontro entre a Fraternidade e a humanidade, onde todos os peregrinos, tocados e despertados pela luz, são acolhidos ao chegarem à cidadela da iniciação. Nela não há muros, nem barreiras, nem fronteiras. Nela os incontáveis peregrinos que se aproximam são acolhidos no nível em que se encontram, para que, em seu próprio ritmo e tempo, inspirados pela visão alentadora do templo branco que lhes acena à distância, tracem seu caminho até o primeiro degrau da branca escada que lhes franqueará o caminho da autoiniciação.

O templo, o santuário de luz da Fraternidade, brilha como promessa de uma nova vida a partir do plano superior da alma, qual testemunho jubiloso e radiante da nova realidade que se eleva, passo a passo, pelos degraus do processo da transmutação da alma. No templo são acolhidos todos os que se dedicam verdadeiramente ao processo alquímico interior, e assim aprendem a transformar sua vida da alma em um verdadeiro laboratório, onde cada experiência se converte no material necessário para sua transmutação. E para todo aquele que se elevou às alturas desse espaço sagrado, encontra-se reservado o trabalho no santuário do fogo, na forja do espírito, onde, sem interrupção, arde o sagrado fogo invisível que mantém viva, forte e irradiante toda a cidadela iniciática. No santuário se reúnem os que mantêm aceso o tríplice fogo do espírito, qual círculo central interior que, de dia e de noite, vivifica a forja sagrada do espírito.

No corpo vivo da Escola Espiritual Contemporânea, reconhece-se claramente esses três espaços sagrados, manifestados em nosso trabalho, por meio de seus diferentes campos vibratórios. A praça, o campo do encontro, é formada pelos incontáveis buscadores da luz, que, tocados e despertados pelo campo cósmico da Fraternidade, possuem uma centelha do espírito ativa em seus corações, e por isso são atraídos magneticamente pelo chamado da Fraternidade, que os faz buscar até que encontrem a imagem do plano divino que carregam em si mesmos, refletida no espelho do puro campo de luz da Escola Espiritual.

Na praça também encontramos as crianças e jovens que, pelos laços do sangue ou da alma, foram atraídos até a esfera de influência do corpo vivo da Escola Espiritual. Por essa razão, na praça desse grande campo do encontro entre a humanidade buscadora e o campo de forças da Escola Espiritual, jamais poderão existir barreiras, muros ou fronteiras, para que a luz mesma determine seu caminho, que deverá ser trilhado em seu ritmo e em seu tempo, sem nada forçar e sem nada impor. A única lei desse grande campo do encontro é a do acolhimento incondicional e amoroso, que permite que cada ser possa decidir-se, em plena liberdade, por trilhar ou não a senda da luz, na certeza de que a semente do espírito ativa em seu coração jamais perecerá, mesmo que germine em um ritmo e um tempo além dos horizontes de nossa compreensão e expectativas. Para todos esses buscadores e jovens encontra-se aberto o primeiro aspecto, a praça aberta do campo do encontro, onde todos são acolhidos, sustentados e alimentados, até que se decidam sobre seu caminho, que poderá levá-los ou não até o primeiro degrau da branca escada do templo.

É por isso que o primeiro aspecto é um campo de acolhimento e orientação para todos que verdadeiramente anseiam trilhar a senda da autoiniciação, pela chave magnética que vibra em seus corações, que os capacita a ingressar no caminho que os levará ao Templo da Iniciação. Todos os que colocam seus pés no primeiro degrau da branca escada do Templo já se encontram ligados, desde esse tênue início, à toda sua força, luz e amor.

Assim, eles podem avançar pelos quatro degraus da branca escada que leva ao Templo de Luz, o laboratório da alma, realizando o processo alquímico da purificação e da transmutação da veste quádrupla de sua alma, mediante a transformação dos quatro éteres de seus quatro corpos. Esses quatro degraus correspondem à purificação do sangue de todos os empecilhos e impurezas que podem obstaculizar o caminho; à harmonização com o novo ritmo etérico, mediante uma ligação consciente com o corpo vivo e a renovação dos santuários do tríplice templo humano, o coração, a cabeça e a vida; à purificação do campo de respiração das caóticas correntes astrais, mediante o crescimento do embrião da nova alma e a dissolução gradual do núcleo egocêntrico da consciência, mediante perfeita endura; ao nascimento da ligação direta entre o espírito e a alma, mediante a abertura do círculo ígneo da pineal ao quinto éter, o éter de fogo, o campo da mente superior. Esse caminho conduz o buscador através dos quatro primeiros aspectos da Escola Espiritual e formam a pirâmide que se ergue das areias do deserto da vida natural até o elevado campo da alma, o Templo de Luz da Fraternidade.

No ápice da pirâmide da Escola Espiritual Contemporânea encontra-se o ponto de contato com o campo planetário da Fraternidade da Vida, o corpo vivo cósmico, que abarca todas as Fraternidades precedentes, envolvendo e interpenetrando toda a Terra. Nesse ponto de contato entre as duas pirâmides, a do corpo vivo da jovem Gnosis e a do corpo vivo da infinita corrente de Fraternidades, encontra-se o santuário do fogo, a forja do espírito, que deve se manifestar no trabalho da comunidade do Graal e na tríplice comunidade da Cabeça Áurea.

Trata-se de uma tarefa tríplice, ligada diretamente ao fogo do espírito que arde no coração do corpo vivo da Escola Espiritual: manter aceso o fogo; fazê-lo irradiar para o mundo e para a humanidade; e assim curar e libertar a alma humana que busca ardentemente pela única luz.

Essa é visão grandiosa que nos liga direta e magicamente ao áureo fio da corrente universal de Fraternidades e nos coloca, aqui e agora, sobre o hoje vivente do trabalho da Escola Espiritual Contemporânea. Nos próximos capítulos serão abordados os degraus que os alunos galgam na escada iniciática, rumo ao templo de luz que encerra o santuário interior, a forja do fogo invisível do espírito.

O BUSCADOR DA VERDADE

Todo aquele que é tocado, despertado e impulsionado pelo tríplice fogo do Logos, transforma-se para sempre em um buscador da verdade, um buscador da luz, um buscador de si mesmo, e, despertando da prisão autocriada de seu estado de consciência egocêntrico, parte em busca do portal que o levará à senda interior.

Nesta vida ou desde muitas outras, desde seu primeiro abrir dos olhos ou em um poderoso *insight*, na crise ou beatitude, ele somente descansará quando encontrar o caminho. Em seu sangue ele traz a marca indelével da centelha do espírito, qual agulha de uma bússola interior que lhe aponta uma direção. Mesmo que essa direção se desvaneça ou seus passos vacilem, ele prossegue, na certeza de que reconhecerá o caminho. E ao encontrar o fio áureo da obra mundial da Fraternidade da Vida, ele é instantaneamente tocado por sua força, e numa fração de segundo ele vê, compreende e ganha a força para trilhar o caminho.

Eis o que ocorreu e ainda ocorre com aqueles que encontraram o fio áureo da Fraternidade da Vida, manifestado por meio de uma escola espiritual contemporânea. Admitidos há muito ou há pouco em seu campo de acolhimento, recebem todo o cabedal de forças do corpo vivo, que os capacita a trilhar a senda que os eleva do solo desta natureza ao campo da nova vida.

Essa senda começa na grande praça aberta do primeiro aspecto, formado pelos buscadores que se achegam à Escola Espiritual e pelas crianças e jovens que se encontram neste momento entre nós. Para todos eles, a Fraternidade da Vida estende a rosa branca, símbolo da eterna promessa em seus corações, e os convida a trilhar seus próprios passos através do amplo campo do encontro, amadurecendo e desvendando o verdadeiro anseio que arde em suas almas, até que se encontrem prontos para encetar a ascensão pelos degraus da senda iniciática, que os leva ao templo de pura luz do corpo vivo.

Assim, o primeiro aspecto do corpo vivo da Escola Espiritual é um campo duplo formado, de um lado, pela praça aberta do campo do encontro, de outro, pelo primeiro degrau da senda da autoiniciação, que se encontra aberta aos que anseiam galgar seus quatro degraus, transformando a veste quádrupla de sua alma.

Na Escola Espiritual, aos quatro primeiros discipulados, ou degraus, correspondem as tarefas de: purificação do sangue; um novo ritmo etérico de vida; libertação da prisão astral; purificação do poder mental.

Aproximemo-nos de cada um desses degraus para compreender a essência de sua tarefa, abrindo-nos à força que se encontra à nossa disposição no corpo vivo, para que possamos realizá-la plenamente. Tudo começa pelo sangue. O sangue é o fluido mais denso da consciência, e o ensinamento universal denomina a alma humana natural de "alma-sangue", pois em seu aspecto mais denso está a síntese de todas as forças que a colocam e a mantém em movimento. O sangue também é a quintessência da personalidade quádrupla, o veículo de expressão da alma. Ele traz em si o resultado de todas as nossas ações, do carma acumulado e da herança de toda a vida que nos precede. Essa é a razão pela qual qualquer caminho verdadeiramente espiritual sempre começa pela purificação do sangue. Essa é a marca indelével, por meio da qual o trabalho da Fraternidade Universal de todos os tempos pode ser reconhecido. Sem isso, a senda não passaria de ilusão, devaneio ou mistificação, pois buscando revelação, iluminação ou transformação, o buscador estaria tentando galgar os degraus seguintes sem querer pagar o preço da mudança fundamental que deve ocorrer no sangue desde o primeiro degrau.

Por essa razão, para todos que se encontram no campo do encontro do primeiro aspecto, o critério de passagem sempre foi e sempre será o mesmo: "Todo aquele que deseja seguir a senda deve purificar o seu sangue".

E do que o sangue precisa ser purificado? Sendo a quintessência da alma e a síntese do corpo, todos os elementos que precisam ser transmutados na senda encontram no sangue sua expressão. E a purificação total do sangue só é atingida quando toda a senda for trilhada e a transmutação total alcançada, transformando o sangue em sua totalidade. O que se espera de todos que desejam galgar os degraus da senda iniciática, é que comecem pelos aspectos mais elementares e densos, gerando um primeiro grau de liberdade para que a consciência inicie seu trabalho. Tais aspectos mais densos referem-se aos dois éteres que compõem o corpo físico: o éter material e o éter químico.

O éter material, em sua forma sólida, líquida e gasosa é bastante conhecido em nossa existência neste plano material. O éter químico, o aspecto energético do mundo material, apesar de menos perceptível à consciência comum, também é importante no processo da purificação do sangue ao longo da senda interior. Se compreendermos, real e profundamente, todas as exigências da purificação do sangue pelas escolas espirituais de todos os tempos, as razões ficarão claras como a luz do dia. Tais exigências não visam somente purificar materialmente o sangue, mas também permitir que os corpos sutis se libertem do lastro que carregam pelos grilhões energéticos do corpo etérico denso, formado pelo éter químico. Por fazer parte do espectro do arquétipo material, o éter químico não pode ser purificado nem transformado apenas pela consciência, pois se encontra além do alcance de seu raio de ação, que atinge apenas os corpos sutis formados pelas linhas de força da alma, a saber, o corpo etérico sutil ou vital, o corpo astral e o corpo mental. Sem uma intervenção direta no aspecto material, não se consegue quebrar os grilhões energéticos do éter químico do corpo etérico denso, e os outros corpos sutis não podem ser transmutados pela alma, e a senda não pode ser trilhada.

E no que consiste a intervenção direta no aspecto material do sangue que é preciso realizar para encetar a senda da autoiniciação? Trata-se de suprimir a utilização de determinados aspectos materiais que possuem uma poderosa memória energética ou que acarretam uma alteração no funcionamento dos órgãos materiais da consciência. No plano concreto da vida diária, isso se resume a deixar de consumir a carne de animais, e por consequência, seu sangue, o álcool, o tabaco e qualquer droga recreativa que altere a consciência. E deixar de realizar qualquer prática, exercício ou experiência de natureza ocultista, mística ou mágica, com o objetivo de obter aprimoramento, refinamento ou benefício para a consciência eu-centralizada.

Tais exigências – que visam purificar os dois éteres mais densos que compõem o sangue, o éter material e o éter químico – são colocadas apenas para quem realmente deseja ultrapassar a primeira fase do trabalho do primeiro aspecto, preparando-se para seu ingresso no segundo aspecto.

Algumas explicações adicionais devem tornar a questão anda mais clara. A carne dos animais é a expressão mais concreta de seu estado de consciência e de vida. Ela é formada pelo sangue e pelos fluidos que compõem as células, tecidos e suas estruturas.

Ao consumir a carne de um animal, além das substâncias materiais que se absorve pelo processo digestivo, ocorre também a assimilação de toda a memória energética que a criou. Como se sabe, na natureza nada se perde; e ao serem decompostos os materiais compostos em seus princípios mais elementares, é liberada a energia que os formou. Essa energia é absorvida não somente pelo acúmulo de substâncias materiais nos órgãos do corpo físico de quem as consome, mas também, e principalmente, é absorvida pelo corpo etérico denso, que é o responsável pela operação de nosso organismo material. O corpo etérico denso é o grande receptáculo da memória operativa do corpo físico, responsável por seu funcionamento geral e pela regeneração de seus sistemas vitais. Ao consumirmos a carne de animais, trazemos para dentro de nosso corpo etérico denso a "memória operativa" de seus corpos e sua consciência. E por haver uma imensa similaridade entre as estruturas materiais e o funcionamento dos corpos sutis dos animais e dos seres humanos, os condicionamentos de nosso corpo etérico denso são fortemente reforçados nesse processo. Isso faz com que a influência do corpo etérico denso, carregado pela memória instintiva que opera o corpo material, torne-se um centro de gravidade intransponível para os corpos sutis que precisam ser transformados pela consciência-alma, ao longo do trilhar da senda.

O mesmo ocorre para tudo aquilo que altera o funcionamento dos órgãos materiais da consciência, sejam substâncias como o álcool, o tabaco ou as drogas recreativas, ou a realização de práticas, exercícios ou experiências de natureza ocultista, mística ou mágica. Nesses casos, seja pela intervenção material de uma substância ou pela atuação de uma determinada memória energética produzida pela repetição de uma prática, alteramos de maneira forçada o funcionamento dos corpos material e etérico denso, acarretando um impacto direto também nos corpos mais sutis, como o vital, o astral e o mental, impedindo sua transformação pela ação da consciência-alma que tenta trilhar a senda interior.

Seria possível estender esse assunto ainda mais, mas os aspectos principais já devem ter sido compreendidos. Todavia, o mais essencial ainda não foi dito. Trata-se do fato de que o aluno nunca está sozinho nesse esforço inicial da purificação do sangue. Pois se o quiser realizar sozinho, muito possivelmente estará fadado ao fracasso, apesar das evidentes qualidades de alma dos que se aproximam de uma escola espiritual. Isso porque os hábitos e os condicionamentos da vida material, bem como o enorme poder atávico da memória energética do corpo etérico denso, os levaria novamente aos velhos caminhos da vida natural comum, transformando a senda em um sonho inatingível. Mas para todos os que verdadeiramente possuem o puro anseio, proveniente do fogo da centelha do espírito em seus corações, o cabedal de forças do corpo vivo da Escola Espiritual vem imediatamente em seu auxílio.

Assim, envolvidos pelo campo de força, de luz e de vida que lhes concede a força coletiva e impessoal dos três novos veículos da alma transfigurada, que um dia deverão neles se manifestar, seus corpos mental, astral e vital são imantados com uma força poderosa, que lhes permite romper a inércia de seus corpos material e etérico denso. Além das limitações de seu eu natural, tais alunos recebem a força necessária para romper os grilhões mais elementares do sangue, recebendo a possibilidade de uma libertação estrutural à medida que avançam nos degraus subsequentes na senda. Todos nós recebemos constantemente a força, a luz e o impulso renovador para uma nova vida, pelo auxílio impessoal e amoroso do corpo vivo da Escola Espiritual.

Que possamos abrir-nos a tal auxílio, e assim transpor todos os obstáculos em nosso caminho rumo à luz libertadora!

O AMOR IMPESSOAL DA FRATERNIDADE

Ao galgar o primeiro degrau da senda da autoiniciação, dando início ao processo da purificação do sangue, os alunos recebem um poderoso auxílio, impessoal e amoroso, qual torrente de forças que se derramam sobre nós do corpo vivo da Escola Espiritual. Essa torrente de forças impulsiona os alunos, ligando-os a uma espiral vibratória superior que lhes permite romper o peso dos hábitos e dos condicionamentos, o que sozinhos, possivelmente, não seriam capazes de realizar.

Às vezes, perguntam: por que uma escola? Por que um grupo? Neste mundo tão individualizado, onde as preferências pessoais são exacerbadas, que valor existiria nisso? O valor essencial é este: a fórmula do mais puro amor impessoal, empregada pela Fraternidade da Vida em prol da humanidade e do cosmo. Tal fórmula contém um mistério maravilhoso, a lei da unidade universal e perfeita entre todos os seres que sustenta o novo campo de vida, o mundo das almas livre do tempo e espaço!

Trata-se da combinação perfeita de autonomia e coletividade. De um lado, a autonomia é imprescindível; não o voluntarismo do velho eu, mas sim o fogo do espírito que desperta a consciência e a coloca em movimento, levantando seu olhar do labirinto egocêntrico em direção à luz. Essa autonomia do fogo do espírito precisa estar presente em cada um que quiser percorrer a senda. Essa autonomia deve crescer no aluno, na medida em que, pelo trabalho real na vida concreta, ele se abre cada vez mais a esse fogo, transformando-o de tênue centelha na poderosa flama da ligação direta entre o espírito e a alma.

Por outro lado, também é imprescindível que exista um trabalho coletivo; não para criar ligação negativa de dependência de um grupo submisso a um punhado de supostos iluminados, como ocorre amiúde na vida comum. O grupo é imprescindível porque atua como potencializador da autonomia. Dessa forma, fica excluída qualquer relação negativa de submissão, pois o auxílio do grupo não se manifesta por meio de pessoas, gurus ou supostos líderes, mas mediante um campo de forças.

Esse campo de forças é uma construção coletiva de natureza dupla. De um lado, é um campo neo-humano, fruto da transmutação dos alunos e alunas; de outro, é o imenso cabedal de forças liberado por todos aqueles que se libertaram dos limites da consciência egocêntrica, e formam a unidade inquebrantável no campo de vida, além do éter refletor, e formado ao longo das eras que nos precederam. Denominamos essa unidade inquebrantável de "corrente", a "Corrente da Fraternidade Universal", que une no cosmo e em todos os cosmos, os cosmos de luz daqueles que ingressaram na própria luz. Esse é o corpo vivo que nos toca, ampara e impulsiona tão fortemente. Com base nessa força, podemos prosseguir individual e coletivamente, vencendo sucessivamente os degraus da senda da autoiniciação.

Ao primeiro degrau da senda, o da purificação do sangue, devem seguir-se os três subsequentes: um novo ritmo etérico de vida, a libertação da prisão astral, e a purificação do poder mental.

O primeiro degrau da purificação do sangue significa uma intervenção direta da consciência sobre o funcionamento de seu veículo material e seu duplo etérico. Da mesma forma, os três subsequentes indicam a necessidade de renovação, também pela intervenção da consciência, dos três veículos sutis seguintes: o corpo vital, o astral e o mental. Ao galgá-los, o aluno está construindo em si o inteiro corpo vivo da Escola, que também se ergueu da natureza comum, em quatro fases, manifestando-se como um campo neo-humano completo, formado pelos aspectos material, vital, astral e mental renovados dos diferentes discipulados, que poderão depois ser trilhados por todos os alunos, como verdadeiro auxílio.

O segundo degrau, o novo ritmo de vida, representa a mudança das correntes do corpo vital, que deixam de funcionar a partir do corpo material e seu duplo etérico para circularem como novas correntes de forças, a partir do novo estado de consciência. Porém, nesse estágio o aluno ainda não construiu em si os quatro degraus da escada da autoiniciação, ao final dos quais sua alma se unirá diretamente ao campo do quinto éter do pensamento abstrato, o primeiro aspecto do novo campo de vida. Por esse motivo, o novo ritmo de vida que renova o corpo vital dependerá de dois esforços intensos.

De um lado, é necessário fortalecer a ligação entre o núcleo da consciência e a centelha do espírito e, com base nessa ligação, iniciar o processo de renovação dos três santuários da consciência-alma. De outro, é imprescindível que o aluno utilize o auxílio poderoso e impessoal do corpo vivo, ligando-se cada vez mais fortemente a ele, de maneira autônoma e consciente. E aqui, dado o momento em que vivemos, é necessário que acrescentemos algumas observações práticas.

Todo trabalho virtual da Escola, que utiliza principalmente os aspectos etérico, astral e mental do corpo vivo, foi pensado com dois propósitos: por um lado, o de sustentar-nos durante os dois últimos anos desafiadores que vivemos, para que não nos dispersássemos ou fôssemos engolfados pelos trágicos acontecimentos e pelo distanciamento que nos foi imposto[11]; e por outro, o de possibilitar, mediante um conteúdo nuclear transmitido virtualmente, que fossem permanentemente acolhidos e sustentados os novos alunos que ingressaram na Escola e muitos que nela já se encontravam, que residem em locais distantes dos núcleos e centros de conferências, bem como os alunos idosos que não possuem condições físicas para participar presencialmente. O trabalho virtual nunca foi pensado como estímulo à acomodação e comodismo: todos os que possuem condições de assistir presencialmente aos serviços e conferências têm a obrigação espiritual de fazê-lo, não permitindo que os álibis do eu natural, como um canto de sereia, os hipnotizem e adormeçam, lançando-os em uma acomodação negativa que terminará por destruir sua ligação com a Escola Espiritual e seu discipulado. Todos temos problemas, mas se permitirmos que eles ocupem todo o espaço de nossa vida, não haverá espaço algum para uma nova vida. Sempre existirão dificuldades, riscos e imprevistos, mas se nos deixarmos levar por eles, afirmando que "isso é suficiente para mim agora", os limites internos jamais serão ultrapassados; ao contrário, serão reforçados até que se tornem, novamente, intransponíveis.

A sustentação do trabalho virtual, para quem ele realmente foi pensado, depende da sustentação de todo o grupo, que dinamiza os reatores nucleares dos templos, onde a radiação do espírito atinge a matéria, e assim desencadeia um poderoso campo etérico, astral e mental que pode então se projetar a imensas distâncias, sustentando e impulsionando aqueles que realmente necessitam, para prosseguirem e avançarem nas condições em

---

11. Refere-se aos anos da pandemia da Covid-19.

que se encontram. Trata-se de um ato de amor, e não de uma solução de comodismo.

Avancemos agora sobre o terceiro e quarto degraus da escada da autoiniciação: a libertação da prisão astral e a purificação do poder mental. Em termos práticos, trata-se de nos libertarmos das ligações astrais e projeções mentais. O que é uma ligação astral e como ela nos aprisiona? Uma ligação astral funciona como uma poderosa corrente elétrica, circulando pelos centros do corpo astral, entrando por um polo negativo e saindo por um positivo. Dessa forma, as influências do mundo astral penetram em nós, agrilhoando-nos, assim como nós agrilhoamos nossos semelhantes a nós mesmos.

E como libertar-se disso? Pela alma, e somente por ela. Não se trata de se tornar um ser humano frio e ausente, que dá as costas aos entes queridos e semelhantes, acreditando se libertar dessas ligações; ao contrário, assim estaria reforçando ainda mais tais ligações, mas de maneira negativa e destrutiva para todos.

Trata-se de que cada ligação astral, cada fio de energia que circula por nosso ser, seja de natureza material, emocional ou mental, não tenha mais a consciência-eu colocada como ponto central, mas sim a nova consciência-alma, que busca servir a todos, em amor verdadeiramente desinteressado, e não o benefício próprio. E como podemos vivenciar tal transformação? A resposta é: no laboratório da vida diária, pois cada uma das infinitas experiências que vivemos em um só dia é capaz de nos proporcionar uma oportunidade de transformação. Em tudo o que vivemos, de nosso corpo a nossa família, de nossos filhos a nossos amigos, de nossa profissão a nosso papel na sociedade, em tudo isso, a quem servimos? Aos interesses egocêntricos do velho eu ou à inteligência divina que cresce na nova alma, e que nos permite, em cada situação, dar aquilo que cada pessoa realmente necessita?

O eu não é um monstro indefinível e a nova alma não é um sonho. Cada fio de egoísmo que se dissolve em nós é um fio áureo da nova alma que se tece em nosso ser, aqui e agora, mais perto do que mãos e pés. Agarremos a mão auxiliadora da Fraternidade que nos é estendida pelo corpo vivo, e a utilizemos para potencializar a força da centelha do espírito que arde em nós, para vencermos o velho ser astral, libertando-nos de suas infinitas ligações. Quando o fazemos, abrimos um maravilhoso espaço em nosso microcosmo, qual jardim que exala o perfume das Rosas, e assim galgamos o terceiro degrau da senda da autoiniciação.

Nesse ponto, somos confrontados com o quarto degrau, que requer de nós a renovação do poder mental, mediante a libertação de todas as nossas projeções. Talvez esse seja o mais difícil dos degraus, pois além de sutil, muitas vezes vem revestido de encanto, beleza e elevação. O encanto de uma vida idealizada e perfeita, de uma beleza sublime, mas inatingível, e do enlevo de uma elevação que disfarça um eu que não quer se render. Tudo isso funciona como um espelho mágico, o espelho de um pensar "voltado para baixo", fechado ao impulso superior do espírito, refletindo apenas as imagens do inconsciente e subconsciente. O corpo perfeito, o par perfeito, a família perfeita, o emprego perfeito... Ou mesmo a escola espiritual perfeita, que resolva os problemas que não queremos encarar, o comodismo que não queremos enfrentar, os conflitos que não queremos resolver, ou os sonhos que não queremos pagar o preço de realizar, projetando-os em nossos filhos ou familiares, esperando que eles os realizem por nós, como jovens ou alunos.

Em tudo isso é preciso muita honestidade, humildade e lucidez, pois somos constantemente enganados por nossas projeções, que nos aprisionam na infelicidade do mundo irreal de nossos sonhos. Porém, o auxílio para despertar desse mundo irreal nos é concedido a cada instante, não somente pelo confronto com a realidade que negamos, mas também pela força do espírito em nosso ser e pelo auxílio amoroso e impessoal do corpo vivo. Todos os grandes do espírito passaram por isso, antes de serem libertos. Tiveram de atravessar as três tentações no deserto, vencendo o desejo por posse, prestígio e poder. E deixaram suas pegadas gravadas na senda que leva além das nuvens do pensar do velho-eu, até os cumes luminosos da montanha do espírito, onde flameja o quinto éter da mente superior, que nos liberta das intermináveis projeções do velho pensar.

Toda essa inteligência espiritual encontra-se à nossa disposição, no mesmo instante em que a utilizarmos, na força da centelha do espírito que arde em nós, e na realidade de nossa vida diária. Assim, poderemos finalmente galgar os quatro degraus da escada da senda da autoiniciação, adentrando o espaço sagrado do novo campo de vida, o templo de luz da alma, onde, no santuário mais interior, nos aguarda a sublime tarefa tríplice, na forja do espírito!

Que essa gloriosa visão se torne uma realidade para todos nós, aqui e agora. No presente vivo!

CONHECIMENTO

Conhecimento, no sentido da doutrina universal, significa adquirir, com base na atividade do átomo centelha do espírito, compreensão do caminho, da verdadeira vida e de todos os fatores coadjuvantes à disposição do candidato.

Uma pergunta deve ser levada ao íntimo de cada um e refletida de forma muito sincera: qual a importância do conhecimento que carrego comigo? O conhecimento apresenta muitas facetas e, para compreender sua importância no processo iniciático, ele deve ser observado a partir de seu aspecto mais essencial. O homem sempre esteve em busca de conhecimento. À medida que se lançava em direção ao desconhecido, ao até então inexplicado, um processo de aprendizado era desenvolvido e, com ele, um passo a passo de percepção, ação e mudança da realidade. Tudo isso registrado em uma base individual e coletiva de conhecimento – o conhecimento humano.

Sobre a base do conhecimento, a humanidade se organizou como sociedade, permitindo certo grau de liberdade, estabelecendo condições para que grupos de pessoas com o mesmo desejo pudessem se encontrar e se organizar, inclusive para construir a ponte de reconexão com o divino. Assim foi e é atualmente. A humanidade e o conhecimento se confundem. Por um lado, o homem o produz incessantemente; por outro, depende do conhecimento para se orientar. Não para de "produzir" conhecimento e de depender dele, como em um círculo vicioso. A cada dia, novas necessidades surgem e ele busca nos registros cerebrais ações, explicações e orientações que possam solucioná-las.

Nada é absolutamente novo; neste campo de existência, o novo é apenas o velho com novas roupagens; e o conhecimento se apresenta, para explicar o novo, a nova roupagem. Esse movimento não é um processo apenas humano-natural, mas fruto de um impulso superior: a ação da força do espírito sobre tudo e todos para uma elevação. E em meio a isso, algo não pode ser explicado pelo conhecimento natural: a ligação entre a alma desperta em nós e o espírito.

O impulso divino leva a humanidade de tempos em tempos a um limite; o limite das certezas, das convicções, o limite de si mesma, a fim de romper a barreira dos sentidos e das construções sólidas do mental concreto. Como tudo nesta natureza dual, a consciência pode reagir de duas formas a esse impulso: ou abrir espaço para uma nova realização ou acomodar-se a uma imagem cristalizada desse impulso, projetando uma sombra do grandioso movimento universal e se aconchegando nela.

Essa acomodação não acontece por passividade ou quietude, mas surge do conforto dos processos de explicação sobre o desconhecido. Tanto a ciência quanto a filosofia e a religião desenvolveram teorias e explicações sobre vários temas que a humanidade abstraía, à medida que era confrontada com os limites do conhecimento natural. Assim escapamos, fugimos em cada período crítico, das reais necessidades de transformação da consciência e da vida. Isso é permanecer no conforto do conhecimento teórico, evitando o desafio da efetiva transformação.

Neste campo de vida, somos regidos pelos sentidos e, por meio deles, nosso mental concreto elabora imagens ou registros condicionados. Um ciclo em espiral se forma, buscando a solução de novas questões no arquivo do conhecimento já existente. Assim, criamos e nos satisfazemos com nossa coleção de clichês. Porém, de tanto sermos confrontados com nossos próprios limites, por mais conhecimentos que tenhamos alcançado chegaremos a uma mudança de percepção. Será então possível alterar nosso olhar do campo coletivo das coisas para enxergar a nós mesmos dentro desse processo aflitivo. O mundo que percebemos com os sentidos é infinitamente pequeno quando comparado ao universo dentro de nós. O mundo é a escola necessária e indispensável para nos conduzir ao limite entre o que percebemos e nosso mundo interior. Criamos uma sombra do reflexo do grandioso movimento universal. Nessa sombra, nessa grande tela, projetamos um mundo a partir de nós mesmos e vivemos uma realidade individual finita e separada do todo. É como o artista que vive preso no mundo retratado na pintura que ele mesmo criou e que perde a identidade de si mesmo.

À medida que o buscador se impõe a necessidade de caminhar com os próprios pés por estradas conhecidas, que, ainda assim, o fazem tropeçar sempre nas mesmas pedras, como um eterno *déjà vu*, começam a aparecer em seu ser perguntas fundamentais que não possuem respostas fáceis de encontrar: qual a essência mais profunda em meu ser? ou "Quem sou?", Qual a origem e a força mantenedora dessa essência em mim? ou "De onde vim?", Que possibilidades se me abrem para além das limitadas questões da vida comum? ou "Para onde vou?"

Quando, em nosso interior, somos confrontados com essas perguntas, estabelece-se um estado de autoconsciência. Conseguimos fazer clara distinção entre nosso ser real e o conjunto de repetições, dogmas e clichês que limitam nossas ações. De início nos sentimos sós, despidos e famintos. Percebemos nossa incapacidade para compreender a vida. O mental concreto já não consegue responder às nossas perguntas, pois as respostas estão além das capacidades naturais de entendimento. Desse momento em diante, um intenso movimento de procura se estabelece.

Por mais conhecimento que se tenha, isso não tranquiliza o ser interior, mas apenas o auxilia em sua trajetória de busca. Para muitos buscadores, foram necessárias muitas peregrinações, estudos, estados de sofrimento ou felicidade, decepções ou dúvidas, para chegar às portas de uma escola do espírito. Cansado de procurar fora, o buscador chega à entrada do santuário de Delfos e é iluminado pela frase: "Conhece-te a ti mesmo e conhecerás o universo e os deuses". Essa chave de transformação indica o caminho, a direção, a herança e o destino de cada ser humano, que são resumidos na frase: "Onde está o seu coração, lá está o seu tesouro".

O encontro com sua contraparte divina, no coração, marca o início da verdadeira jornada, o caminho interior da alma em direção ao espírito. Então se pode compreender melhor o sentido de "o meu Reino está mais próximo do que mãos e pés". No coração, desperta o divino e luminoso princípio que os antigos chamaram de a Flor de Lótus ou, em uma linguagem mais moderna, a Centelha do Espírito. Com base na reminiscência da alma em nós, o conhecimento reassume sua função e se entrega como material de construção para uma nova realidade interior. Aquele que busca reconhece e persevera na ligação e na entrega de todo o seu ser a esse ponto divino em si, e é elevado nas espirais de um novo conhecimento que surge da atividade da centelha do espírito. Esse conhecimento possibilita a compreensão do caminho e da verdadeira vida. Um foco de luz se estabelece como um farol, que ilumina o caminho interior de retorno e auxilia a transmutação do conhecimento que acompanhou o peregrino até o encontro consigo mesmo, em um novo material de construção. A compreensão é como a luz que dissipa a escuridão. O esforço de ultrapassar os limites do mental concreto permitiu ao aluno a formação de um novo mental, o mental abstrato. Não há mais dificuldades de entender a vida suprassensorial, uma vez que não é mais necessário encapsular as percepções da nova alma em conceitos rígidos ou clichês para serem acolhidos de fora para dentro.

Agora a frase "Conhece-te a ti mesmo e conhecerás o universo e os deuses" é aplicada na vida. O autoconhecimento, o verdadeiro e profundo autoconhecimento se torna possível, pois é possibilitado pela luz da centelha do espírito refletida pela nova alma. O náufrago em meio à tempestade, antes perdido e abandonado nas idas e vindas das grandes ondas, encontra a base de salvação em seu coração e sobre ela firma seus pés. À medida que o aluno persiste no caminho e se oferece de forma dinâmica a esse processo, sabendo que "sem o espírito nada é possível", é estabelecida a reconexão da alma com o espírito. O ser já não se sente mais separado do Todo. O processo de transfiguração se estende para todo o ser. "Estar no mundo, mas não ser mais do mundo" agora é realidade vivente. O conhecimento, o verdadeiro conhecimento flui de dentro para fora, sem intermediários ou mestres. Ou, como é dito no *Livro de Mirdad*: "Quando a Sagrada Compreensão encontrar vossos corações, nada haverá, na imensidade de Deus, que não vibre para vós uma alegre resposta". A Doutrina Universal fala de um verdadeiro conhecimento, o conhecimento de primeira mão, fruto do encontro e do caminhar interior do ser em direção ao espírito. Um novo sentir, pensar e agir podem se tornar realidade em cada um de nós.

Estamos dispostos a entregar todo o nosso conhecimento, todas as nossas certezas e todo o nosso ser a esse majestoso processo? Esperamos que a resposta seja: "Sim! Para isso fui chamado!"

O SILÊNCIO

Uma nova consciência não significa a posse de um novo aparato de percepção, mas sim uma nova forma de utilização. Entender os mecanismos internos de percepção é fundamental nas etapas iniciais do processo. Mas a utilização da consciência como ferramenta de trabalho se manifesta quando estamos atentos aos movimentos de nosso interior e nosso exterior.

A atenção está em oposição à distração, e é fundamental para que não sejamos vítimas de nossos impulsos inconscientes. Atenção e percepção de si são ferramentas que nos levam ao autoconhecimento. E para que esse autoconhecimento possa se dar de forma cada vez mais intensa, e se alcance a almejada nova consciência, o silêncio é um elemento central.

A sociedade contemporânea, sujeita à tecnologia, baniu o silêncio. Tudo contribui para encobrir o silêncio e para fugir dele. Como encontrar o silêncio que, embora desejado, parece tão raro?

No livro *As núpcias alquímicas de Christian Rozenkreuz*, é narrado o sonho que Christian Rozenkreuz teve:

> Mal adormeci, pareceu-me como que estivera, juntamente com uma infinidade de pessoas, numa torre sombria onde não entrava o menor raio de luz. Aí zaranzávamos feito abelhas num enxame, agravando cada um ainda mais o fardo do outro. Apesar de eu e os outros não podermos enxergar nada, ouvia continuamente como uns tentavam subir por cima dos outros, caso suas cadeias ou seus grilhões fossem um pouco mais leves. À exceção disso, nenhum diferia muito do outro, uma vez que éramos todos pobres diabos. Após longo tempo padecendo essa miséria, ouvimos finalmente o clangor de numerosas trombetas, bem como o rufar de alguns timbales, e o teto da torre foi levantado, e um pouco de luz chegou até nós. Somente então podíamos ser vistos, uns caindo por sobre os outros, os que antes se haviam esforçado por

> abrir caminho para cima jaziam agora sob os pés dos outros. Em suma, todos queriam estar no ponto mais alto. Quanto a mim, também não hesitei. Apesar de minhas pesadas cadeias, deslizei por entre meus companheiros e guindei-me a uma pedra que havia logrado alcançar. Lá, porém, fui atacado continuamente pelos outros, contra os quais me defendi com mãos e pés tão bem quanto possível. Nosso único pensamento era que seríamos libertados.[12]

Essa narrativa simbólica traz o retrato fiel da condição humana, em que travamos uma luta feroz para mantermos a cabeça fora d'água e para não nos afogarmos no mar tempestuoso da vida. Afora as inúmeras exigências para nossa subsistência básica, temos ainda inúmeros compromissos e deveres com a família, a sociedade, o governo, e mesmo perante as expectativas e os sonhos nossos e daqueles com quem interagimos. As atividades humanas concentradas nas cidades produzem sons que mais poderiam ser definidos como um grande ruído coletivo que adoece animais e seres humanos.

E esse ruído constante no dia a dia repercute em nós como uma firme necessidade de reagir. As pessoas falantes excedem as silenciosas, e isso, frequentemente, torna raros os momentos de pausa, pois preenchemos nossos dias falando ou debatendo. Por um lado, somos muito ativos: precisamos sempre fazer algo e ocupar todo o tempo, produzir cada vez mais, estar bem-informados, ter opinião sobre os mais diversos assuntos e defender nossos pontos de vista. Por outro, nos momentos de tranquilidade exterior, somos muito passivos: queremos apenas nos distrair e absorver passivamente o conteúdo que a mídia e a indústria de entretenimento nos oferecem. Dessa forma fugi-

12. Rijckenborgh, J. van. *As núpcias alquímicas de Christian Rosenkreuz,* tomo I.

mos da dura realidade da vida e mergulhamos num mundo de fantasia e irrealidade.

Tudo isso se consolida na forma de hábitos, conscientes ou inconscientes, que de dia e de noite nos conduzem à agitação intensa e ao estresse, ou à irrealidade e à baixa vitalidade para buscar o essencial. Estamos repletos de pensamentos, sentimentos, desejos, ideais, identificações, crenças que, qual um barulho ensurdecedor, nos agitam e atormentam constantemente. Somos como o prisioneiro representado por Christian Rosenkreuz, presos em uma torre repleta de outros prisioneiros, num espaço apertado, escuro e barulhento, incomodando-nos uns aos outros, todos lutando contra todos, cada um buscando um lugar melhor para si. Somos prisioneiros de nosso ego, de nosso egocentrismo. Mas, ao mesmo tempo, somos a própria torre, com todos esses inúmeros prisioneiros (nossos diversos eus) que lutam entre si.

Como candidatos à autoiniciação, cuja tarefa é a conquista de uma nova consciência e o combate a esse estado de coisas, precisamos esvaziar e silenciar o interior. Mas, para isso, é preciso tempo de observação e também um espaço para a observação. E esse tempo e espaço são construídos pelo próprio aluno quando se recolhe em seus momentos de silêncio e introspecção.

Conquistar momentos de silêncio é, em si, uma batalha, pois não se trata apenas de uma condição exterior, mas deve ser uma conquista interior. Por que as pessoas têm tanto medo do silêncio? Por que o acham entediante? No silêncio, o sistema humano não recebe os estímulos usuais, não tem mais um quadro de referências. O silêncio é um verdadeiro esvaziar-se. E esvaziar-se representa a morte para a humanidade contemporânea, pois o esvaziamento é confundido com tédio, e o tédio com a morte.

No silêncio conseguimos perceber a forma como pensamos, sentimos e agimos, a forma como traduzimos para nosso mundo interior todas as experiências que vivemos, e assim conseguimos perceber como distorcemos a percepção dessas experiências, impedindo que cada experiência possa se tornar um aprendizado. No silêncio, conseguimos perceber o nosso egocentrismo, formado por pensamentos obsessivos que se repetem e controlam nossa forma de entender a vida, e os sentimentos exagerados e descontrolados que sinalizam a forma como sentimos. Eles, em conjunto, produzem reações automáticas que nem sempre percebemos. No silêncio, percebemos de forma clara as reações que podemos ter para determinadas situações, percebemos que podemos agir de forma diferente do habitual e que podemos trilhar "rotas alternativas" em nossa vida.

Na natureza identificamos um dos símbolos mais poderosos do silêncio, o deserto. Externamente, o deserto é um local sem referências para nos apegarmos: sem edifícios, sem paredes, sem barulho. Mas internamente, em sua profundidade, o deserto é o símbolo do esvaziamento. Um som sem o som dos pensamentos que nos falam constantemente; uma serena brisa sem a sedução do desejo que nos impele a agir; um esvaziar de nossas certezas e opiniões arraigadas, de nossas ilusões e fantasias a respeito de nós mesmos, dos outros e da vida. Mas esse vazio não é sem vida e estéril; ele é a fase necessária para a purificação e o autoconhecimento que vêm a seguir.

Encontramos nos Evangelhos esse mesmo simbolismo, quando é narrado que Jesus se dirige ao deserto e sofre as três tentações de Satã. Essa parábola se relaciona com o caminho iniciático, em que o candidato caminha pelo deserto da vida, atravessa a fase da desilusão consigo mesmo, esvazia-se dos apegos do eu, passa pela prova de ligação real com sua divindade e, finalmente, livra-se de todo o seu aprisionamento interior.

O aspecto fundamental é que também nesse silêncio mais profundo podemos perceber a existência de um sol interior que nos ilumina, para que vejamos a vida caótica dentro de nós e para que tenhamos a força para combatê-la, se quisermos. A centelha do espírito é uma usina de luz e vitalidade que está disponível ao candidato dos mistérios interiores, se ele se abrir a isso. Esse abrir-se refere-se a uma vontade e dedicação inabaláveis que levam à transformação e à renovação do próprio ser. A luz provinda da centelha do espírito ilumina nosso universo interior; o aluno que se dedica a esse processo passa a ver e experimentar conscientemente, cada vez mais, seus mecanismos internos de pensar-sentir-desejar-agir e chega ao grande autoconhecimento.

Por meio do autoconhecimento percebemos que não somos o nosso ego, ou seja, não somos o que pensamos, o que sentimos; que esse pensar e agir são como amarras a que nos habituamos e, em verdade, não representam o que somos em essência. Porém, é preciso ir mais fundo: perceber e combater os elementos profundamente enraizados em nós, que são a matriz geradora dos processos condicionados do pensar, querer, reagir e agir. Apenas no mais profundo deserto de nosso ser é que nos confrontamos com a origem de nosso atual estado de ser, de nossas intenções, que são as nossas tendências mais profundas.

Esse autoconhecimento possibilita que o candidato se volte cada vez mais para sua centelha do espírito, que jorra cada vez mais luz e força no interior de seu ser. E essa luz interior, essa iluminação, possibilita a realização da purificação na estrutura de sua consciência, com seus três santuários (cabeça-coração-

-ação), que vão gradualmente se harmonizando em seu trabalho de autoiniciação.

Jan van Rijckenborgh chama essa harmonização dos três centros de consciência de mudança fundamental, isto é, nosso pensar, sentir e agir se colocam a serviço da centelha do espírito. A consciência, antes totalmente dirigida à vida material comum e sua autorrealização, volta-se para sua elevada meta espiritual. E à medida que essa transformação avança, o silêncio, que antes se manifestava em alguns momentos fugazes, passa a ser uma realidade mais permanente no próprio ser. Nesse silenciar, a consciência – livre de seus automatismos, agitação e sofrimento – começa a alcançar uma liberdade interior antes impossível para ela. Portanto, a tarefa tríplice do candidato ao caminho da iniciação pode ser explicada pela relação entre o Silêncio, o Vazio e a Liberdade.

O silêncio exterior cria as condições para a introspecção e auto-observação mais intensas de si mesmo, e abre caminho para o silêncio interior. Assim se torna possível notar os condicionamentos do pensar, sentir e agir. Mas apenas a observação e a percepção não são suficientes. É preciso combater os condicionamentos. Como? Com a força emanada pela centelha divina. O silêncio criou as condições para que a luz da centelha seja ativamente percebida. O combate ativa a usina de força central de nosso sistema. É a partir desta nova vitalidade que é possível vencer a batalha dos condicionamentos até o ponto do vazio.

Essas duas etapas, iluminação e força, são sustentadas pelo trabalho em grupo. Daí a razão de serem realizadas com mais sucesso em um trabalho em grupo de uma escola de mistérios.

Depois vem a liberdade, que surge quando são vencidos os condicionamentos. No silêncio e no vazio é possível escolher e construir novos caminhos que levam à liberdade. E a liberdade abre as portas mais elementares do livre-arbítrio. É a liberdade de si mesmo. O livre-arbítrio é a chave que abre todas as portas da vida mesma, uma a uma, para toda a humanidade.

Um novo raio de ação se abre para o candidato que encontrou o silêncio, descobriu o vazio e reconheceu a liberdade. Que possamos todos caminhar juntos nessa jornada para a Luz!

LIBERDADE, UNIDADE E AMOR

Liberdade, unidade e amor são três conceitos fundamentais para aquele que segue o caminho para a plena realização espiritual.

Há um anseio fundamental por liberdade em todo ser humano. Porém, muitas vezes, não há uma compreensão clara do que isso realmente significa. Será liberdade simplesmente fazer o que se quer? Somos livres simplesmente por viver num país democrático? Somos livres, pelo menos durante as férias, quando vamos para a praia ou para o campo, sem precisar nos preocupar com horários? Somos livres quando temos recursos financeiros para comprar o que desejamos? Às vezes temos a impressão de estar agindo livremente, a partir de uma decisão plenamente consciente. Mas será mesmo?

Vamos imaginar uma pedra movendo-se porque um desmoronamento de terra atingiu um morro e a colocou em movimento. Suponhamos que essa pedra seja consciente e sinta o movimento a que está submetida como uma necessidade interior. Ela está consciente de seu esforço em se mover, como se fosse uma vontade própria. Nós, no entanto, observando a pedra, sabemos que o que de fato a move é um impulso exterior.

Nós, seres humanos, não somos também guiados por um conjunto de influências e impulsos que nos levam a realizar as mais diferentes atividades ao longo da vida? Não somos também "movidos" de fora, ou seja, movidos por forças sobre as quais não temos qualquer controle, apesar de termos a ilusão de que são nossos impulsos internos? A cultura na qual fomos criados, por exemplo, nos moldou para seguirmos um conjunto de valores tão arraigados em nós que normalmente sequer os questionamos. A forma como fomos educados moldou nosso caráter. A herança genética que recebemos nos faz ter a predisposição para esta ou aquela doença, para este ou aquele tipo físico e psicológico. Além disso, há a herança do carma, que também influencia nossa formação, somando-se às influências genéticas, culturais e educacionais.

Nisso tudo, que espaço sobrou para a liberdade? Seremos apenas robôs que seguem um programa preestabelecido, sem espaço para nenhuma mudança? Liberdade, portanto, não pode ser simplesmente fazer o que se quer, pois não temos nenhuma liberdade para querer algo diferente, já que queremos apenas o que nossa programação cármica, biológica, educacional e social nos faz querer. O que ocorre com a maioria dos seres humanos é que há uma identificação tão grande com todas essas influências que elas passam a ser percebidas como vontade própria. Aquilo que normalmente chamamos de "ego" ou "eu" é exatamente a identificação da consciência com todas essas influências.

Mas tampouco liberdade é fazer o que não se quer, seguindo um conjunto de regras que aceitamos sem questionar, autodisciplinando-nos para não seguir os próprios impulsos, mas sim a lei ou a moral. O fato é que não existe liberdade onde há crença cega em autoridades, seja a autoridade de um livro sagrado ou de um mestre inquestionável. Não existe liberdade para uma mente autodisciplinada de acordo com um padrão externo. Pois o que é autodisciplina, no entendimento convencional? É se conformar, de maneira forçada, a realizar ou deixar de realizar isso ou aquilo. Dessa maneira, não se parte de uma decisão consciente e de um conhecimento adquirido, mas sim de um conformismo inconsciente. O que ocorre nesse processo é a perda da sensibilidade, pois esta não consegue se manter onde existe inconsciência e violência contra o próprio ser ou um outro ser. Se, por exemplo, somos ambiciosos e aprendemos que a ambição é um pecado a ser extirpado, não temos condições de observar a ambição como ela é. Queremos eliminá-la antes de compreendê-la. Agimos conosco como se fôssemos um pai autoritário que coloca o filho agitado de castigo, para ficar quieto. Talvez ele até fique, mas por dentro continuará inquieto e agitado, e essa agitação vai encontrar outros canais para se exteriorizar. Caso não consiga fazê-lo, a agitação pode se transformar em autoagressão, num problema psicológico ou até físico.

Quantos não chegam à Escola pedindo um método, um exercício para conduzi-los à libertação? É natural que seja assim, pois o que mais se vende neste mundo são métodos para tudo. E parece muito mais simples seguir um método do que viver plena e conscientemente a própria vida. Não queremos, de fato, nos compreender, descobrir quem somos e quais são nossos impulsos; pelo contrário, queremos seguir alguém ou algum método que nos dê segurança de que atingiremos o resultado almejado.

No entanto, não existe nenhum método que nos dê liberdade, porque a verdadeira liberdade só surge da espontaneidade, que é nova a cada instante, não podendo ser transformada num conjunto de regras ou técnicas. O que um método cria, a não ser máquinas programadas? Se encontrarmos Buda ou Jesus pelo caminho e sairmos imitando os seus atos inconscientemente, isso nos transforma em seres semelhantes a Buda ou Jesus? Não, isso pode no máximo nos transformar em máquinas úteis e eficientes na repetição de atos, eventualmente até atos nobres, mas sem vida nem consciência. Uma máquina não tem liberdade alguma, pois vive restringida pela sua programação. Viver restringido assim é uma negação da liberdade e da autonomia do ser humano. Talvez a repetição da mesma palavra um milhão de vezes até ocasione uma tranquilidade na mente, mas que tipo de tranquilidade é essa? Ela contém o fogo da compreensão e do entusiasmo de reconhecer Deus em si? Ou é uma tranquilidade morta, a triste paz daquele que apagou o fogo da própria consciência? Essa, na verdade, é a "falsa paz", que obscurece a mente e mata a espontaneidade, a liberdade e o impulso criador. O ato criador surge da liberdade e da espontaneidade, não de técnicas, planos e projetos. É uma condição do presente, em que deixamos a bagagem do passado para trás e nos descarregamos de todo planejamento, expectativa ou projeção sobre o futuro.

Isso tem valor, dentro de certos contextos. No que se refere à nossa vida exterior, profissional ou pessoal, é importante planejar e projetar; mas mesmo nessas áreas é importante se abrir a novas ideias e formas de responder aos desafios da vida. Com relação à nossa vida interior, porém, só se avança a partir de profunda liberdade interior, que se abre para o novo a cada instante.

O ato condicionado, pré-programado, não possui espontaneidade nem criatividade, e por isso sempre se transforma, pela repetição, em hábito. Ficamos assim aprisionados ao passado, que conhecemos e que nos parece seguro, pois achamos que podemos pisar em solo seguro e conhecido. Dessa forma, continuamos os mesmos de um dia para outro, de um ano para outro, de uma vida para outra, enrijecidos nas formas de pensar e sentir que se cristalizaram em um caráter muito determinado.

Nosso ego é criação dessas estruturas rígidas, e precisa preservá-las para preservar a si mesmo. Ele é uma imagem endurecida do passado, de memórias mortas. Se não houvesse algo além do ego, a liberdade não seria possível. O ego é construído a partir do processo de identificação, que é a tentativa de definir uma identidade a partir do conteúdo de algum tipo de experiência, internalizando-o para definir quem somos e o que é a realidade. Por exemplo, no campo mental, podemos estar identificados com determinado conjunto de valores que chamamos de "moralidade", ou por certa ideologia ou por preconceitos tão arraigados que até negamos sentir. Podemos também estar identificados com nossa inteligência e nossa cultura. No campo emocional, podemos nos identificar com certos sentimentos, a ponto de nos definirmos por eles. "Sou uma pessoa alegre", "sou um cara depressivo", "sou teimoso", "sou muito sincero", "sou muito explosivo" etc. E se isso incomodar alguém, dizemos: "sou assim mesmo, não tem jeito...". No campo da ação, podemos estar identificados com certos hábitos, como sermos muito ativos ou muito preguiçosos. Identificamo-nos até com nosso próprio corpo, definindo-nos a partir dele, por exemplo, como jovens ou idosos; feios ou bonitos; sadios ou doentes. Podemos também nos identificar com uma determinada maneira de vestir, descolada, sóbria ou relaxada. Acreditamos que, sem identificação, não temos identidade, não somos nada, caímos no vazio. Porém, isso não é verdade, porque o que é real não é criado nem mantido por esse processo. Nossa identidade real não se prende a identificações nem se deixa afetar por elas.

Estamos aprisionados ao processo de identificação e ao resultado dele, que é o ego, porque tememos que não haja nada além. Mas existe algo muito maior, mais rico e mais vivo do que temos condições de conceber. Todas as identificações da ilusão egocêntrica constituem apenas uma casca fina, mas endurecida, ao redor do ser real, daquilo que somos em essência, mas que esquecemos. Dessa essência, que é também pura consciência, irradia uma forma de agir livre e espontânea, firme e tranquila. Aí há claridade, lucidez, autoconhecimento. Aí está a chave para a liberdade essencial do ser. Helena Blavatsky, em *A voz do silêncio,* a denomina "Alma de Diamante", como no seguinte trecho:

> As sementes da Sabedoria não podem germinar e crescer num espaço sem ar. Para viver e colher experiência, a consciência precisa de amplitude, de profundidade e de pontos que a levem na direção da Alma de Diamante. Não procures tais pontos no domínio da ilusão; mas eleva-te acima das ilusões, e busca o eterno e imutável SER, sem confiar nas falsas sugestões da fantasia. Porque a consciência é como um espelho; ela acumula pó enquanto reflete. Ela necessita da brisa suave da sabedoria da Alma para afastar o pó das nossas ilusões.[13]

Por essas palavras compreendemos que, da mesma forma que um espelho acumula pó, nossa consciência perde sua condição pura e cristalina ao se cobrir com suas identificações. Mas o espelho da consciência pode ser purificado pelo autoconhecimento, pelo desmascaramento da ilusão egocêntrica, construída pelo processo de identificação que resulta no ego. Essa purificação é possibilitada pela luz interior que nos permite enxergar sem máscaras, mas também sem julgamento, sem conceitualização, com presença e compaixão por si mesmo e por todos. Nesse processo, todas as identificações perdem sua intensidade, o espelho da mente é clareado até que mostre a essência do ser que estava escondida, a Alma de Diamante, o ser real, a verdadeira individualidade.

13. Blavatsky, H. *A voz do silêncio*, versos 114 e 115.

O IMPULSO PARA A LIBERDADE E AUTONOMIA

Na vida animal – incluindo a vida egocêntrica do ser humano – a sujeição a leis externas, sejam da natureza, da sociedade ou de alguma autoridade, é uma necessidade. O ser apenas se move de forma mais ou menos harmônica com o meio dentro desses limites. Enquanto não atingirmos a maturidade espiritual, ainda teremos que continuar nos conduzindo por regras de conduta e ética que muitas vezes não compreendemos, mas que sabemos serem necessárias para o bom convívio social. Isso ainda é verdade para muitos de nós. Quando um pastor perguntou se os alunos da Escola seguiam os Dez Mandamentos, Rijckenborgh respondeu com sinceridade: "Infelizmente, ainda é necessário que sim". Caso contrário, haveria o risco de sermos levados ao caos e ao conflito, pela tendência do ego de invadir e tentar se apossar de tudo ao seu redor.

Em seu longo percurso de desenvolvimento, quando o ser humano se torna autoconsciente e pensante, ele começa a se perceber como um indivíduo distinto de seu ambiente, de seu país ou de sua família. Então ele começa a buscar liberdade e autonomia, a não querer mais seguir o que lhe é imposto. Ainda que possa se perder por um tempo em objetivos egoístas, é fundamental que ele vivencie essa experiência. Nesse estágio, a liberdade é o impulso que o separa do todo, que o conduz à individualização.

A partir daí ele já não tem condições de voltar atrás, para o pensamento tribal, para as ideias de grupo, para a inconsciência. Mas é fundamental também que ele não fique parado na primeira fase da autoconsciência, que é a consciência narcisista, centrada em si mesma. A consciência egocêntrica, em certo momento, chega a seus próprios limites e começa a ansiar por uma nova vida.

Essa nova vida deve ser construída a partir da liberdade e da autonomia internas, mas precisa se livrar do peso do egocentrismo, pois, nessa etapa de seu desenvolvimento, a consciência ainda está envolvida e obscurecida pelo processo egocêntrico de identificação; ela conhece apenas o ego com toda a sua problemática e divisão.

Como visto no capítulo anterior, nossa essência interior não é o ego, a identidade criada pelo processo de identificação; o ego é apenas a casca externa com a qual nos identificamos, que envolve e obscurece a pura consciência, a nova alma, a essência. Ao transcender sua condição egocêntrica, a alma avança até se transformar na consciência espiritual, ao se ligar ao espírito. Quem avança nesse sentido descobre finalmente a verdadeira liberdade, pois: "Onde está o Espírito do Senhor, aí há liberdade!"[14]

É o próprio espírito em nós que nos impulsiona para a liberdade, é o espírito que rompe com todas as fórmulas, conceitos, regras e métodos. Sempre foi o espírito que nos conduziu, sem que soubéssemos, para a descoberta de nós mesmos. Ao se aproximar do espírito dentro de si, a nova consciência substitui as leis externas, às quais se submetia inconscientemente, por uma lei interna. Quem acessa essa lei interna já não sente necessidade de seguir nem os impulsos emocionais e instintivos nem as coerções sociais. Não porque se violente e reprima seus impulsos naturais, mas porque seus pensamentos, sentimentos e ações já estão dirigidos a outros valores, de forma espontânea.

A liberdade do espírito não é a liberdade ilusória do ego, não é a liberdade para seguir o erro ou a mentira, muito menos a

14. Bíblia. *2 Coríntios*, 3:17.

liberdade de ferir outros, mas sim a sintonia com a verdade mais essencial do ser e das coisas. Essa liberdade não é licença para seguir impulsos egoístas, pois isso seria limitar-se à existência do ego, que é em si uma privação de liberdade. Erro, mentira e egoísmo violentam a liberdade do espírito, que é em si perfeição, verdade e amor.

Em nossa vida egocêntrica, temos a impressão de vivermos isolados, de existirmos como entes separados uns dos outros. A descoberta de si mesmo leva o ser à descoberta de que ele não existe senão em inter-relação com todas as coisas. É por isso que a liberdade e a unidade são apenas duas faces de uma mesma moeda e não opostos absolutos. Portanto, para quem avançou para a consciência espiritual, o individual já não se distingue do geral, ou seja, buscar seu próprio interesse é buscar também a harmonia do todo e, portanto, não corre mais o perigo de gerar conflito. A liberdade da consciência ligada ao espírito se baseia no fato de que a força divina agirá por meio dela, com sua plena participação.

Os membros da Fraternidade Universal agem justamente a partir dessa compreensão. E qualquer pessoa que, por meio da realização da consciência espiritual, descubra seu papel individual no plano cósmico e se torne um colaborador consciente desse plano, torna-se um membro consciente da Fraternidade. E o mesmo é verdade para a Escola, que é um instrumento da Fraternidade. Em suma, a liberdade é o impulso que nos individualiza e nos liberta, assim como a unidade é o impulso que nos conecta com o todo – mas não pela negação da liberdade.

Como a unidade é construída neste mundo? Normalmente por meio de uma imposição, seja por repressão exterior ou interior, ou pela educação e pela cultura, como vimos no capítulo anterior. Um estado totalitário cria unidade obrigando todos os seus cidadãos a obedecer a um conjunto de regras que impedem seu pensar, seu desejar e agir livres. Um estado democrático cria unidade por meio da propaganda e de interesses, nem sempre com boas intenções. Uma religião cria unidade ao convencer seus fiéis sobre um conjunto de crenças e regras de conduta que todos devem adotar, mesmo que não compreendam as razões. O que se consegue nessas situações é uma unidade frágil, sempre sob ameaça, em que a flama da consciência é apagada, o que conduz o ser humano a uma espécie de retorno à consciência grupal dos animais. Ainda que isso possa ser cômodo e até trazer uma espécie de paz provisória, a alma anelante pela verdadeira liberdade do espírito certamente não se satisfará por muito tempo.

A consciência humana tem que resolver o aparente paradoxo de se conduzir para a unidade sem negar sua singularidade, sua condição de ser individual. Como fazer confluir esses opostos, a liberdade e a unidade? Este é um grande desafio que temos, como indivíduos e como comunidade. Estabelecer e manter um grupo que tome como base dogmas e regras externas de conduta é fácil, mas realizar isso com um grupo que congregue seres livres e autônomos é um grande desafio. No entanto, por mais difícil que seja, a única forma de se criar uma unidade real é a partir da liberdade. Isso só é contraditório no domínio do ego.

Não é estranho concluir aqui que a força que irradia do ser que encontrou sua liberdade verdadeira na unidade possa ser chamada de amor. O amor é o terceiro lado do triângulo, cujos dois outros vértices são a liberdade e a unidade.

Esta palavra, amor, tão distorcida ao longo dos séculos, esconde um segredo maravilhoso. Precisamos lembrar que "o amor não cresce em solo sujo, o amor não se compraz nas trevas, o amor não busca nenhum compromisso". O amor, em seu sentido superior, não é um sentimento, nem mesmo um sentimento puro; não é uma ideia, nem mesmo o ideal mais elevado; e não é apenas um ato, mesmo o chamado ato de amor desinteressado. O amor é uma lei universal que indica: "ame a Deus e ame ao próximo", não como regra exterior, mas como força ativa, como impulso espontâneo interior gravado nas tábuas de carne do coração, a respeito da qual Jesus disse que conteria em si "toda a lei e os profetas". Quando consideramos sua manifestação no cosmo, o amor é a essência do Verbo, a manifestação do espírito na natureza. Microcosmicamente, é tanto o princípio espiritual no coração como o espírito universal plenamente manifestado e unido em perfeição no ser humano.

O ser humano egocêntrico também conhece um sentimento que chama de amor. Ele busca esse amor com intensidade nos relacionamentos afetivos, cheios de paixão, e muitas vezes sofre ao passar pela decepção de um amor não correspondido ou que se mostre muito aquém do ideal almejado ou ainda que não possua a força protetora e transformadora idealizada. A experiência talvez o conduza à busca de um amor diferente, mais sereno e menos egoísta. Talvez ele o encontre nos relacionamentos familiares, no amor pelos filhos, pelos quais pode se sacrificar pedindo muito pouco em troca. Porém, o tempo talvez também mostre as limitações desse amor. Após atingir certa idade, os filhos não querem ficar muito tempo com os pais nem seguem mais seus conselhos. Se as experiências tiverem conduzido a um mínimo de autoconhecimento, talvez ele até perceba que seu amor não é tão desinteressado como imaginava, pois precisa de algo em troca por tudo o que sacrificou.

Apesar de todas as decepções, a necessidade de um amor ainda mais puro se intensifica. Já não é possível permanecer insensível diante da miséria e do sofrimento à sua volta. Ele precisa fazer algo, e por isso se envolve com grupos humanitários que tentam minimizar o sofrimento dos mais necessitados. Mesmo assim, parece que ainda está faltando algo. A miséria é tão grande, o sofrimento tão disseminado, que ele reconhece que tem muito pouco a oferecer. Além disso, o autoconhecimento mostra agora como o ego está firme e até fortalecido por todo o reconhecimento que recebeu por seus atos de amor.

Ele agora reconhece que sua busca por liberdade e unidade parte do mesmo impulso do espírito que o conduz à busca do amor. Mas será que existe um amor que nasce espontaneamente, como um botão de rosa que desabrocha, sem pedir nada em troca? A rosa perfumada num jardim oferece seu perfume a todos, não consegue ser de outra forma. Da mesma maneira, o amor que nasce do mais íntimo do ser, quando a ilusão egocêntrica das identificações perde força, se oferece impessoalmente. Oferece-se porque está repleto da força mais pura, como uma fonte sempre viva e sempre fresca. Essa fonte se encontra no mais profundo de nosso próprio ser. E se a cabeça é silenciosa, lúcida e livre, se o coração estabeleceu sua unidade com o espírito, essa fonte começa a jorrar espontaneamente sua água pura para tudo e todos, sem distinção.

Que possamos todos avançar em nosso caminho rumo à liberdade, à unidade e ao amor. Que, desta forma, nossa luz possa se somar a de muitos outros, para iluminar o caminho dos que ainda vagam perdidos até os portais de entrada do templo interior.

DIA DA FRATERNIDADE UNIVERSAL

A Escola Espiritual completou 98 anos de atividades (agosto de 2022), o que nos enche de imensa alegria e gratidão! Todos os anos celebramos essa data realizando um serviço templário especial, dedicado à Fraternidade Universal e à ligação de nossa Escola a seu trabalho e sua obra.

A Fraternidade Universal é formada por todos aqueles que venceram as limitações do tempo e do espaço e ingressaram no onipresente campo de força, luz e vida da eternidade e, a partir desse campo, trabalham sem cessar pela libertação do mundo e da humanidade. O fato de nossa Escola ter sido admitida como um dos elos dessa infinita corrente de cosmos de luz é o tesouro mais precioso que nos foi confiado como grupo e, portanto, a manutenção e a vivificação consciente dessa ligação sempre deve ser nossa tarefa mais central e relevante. Por essa ligação, conquistada pela dedicação de toda uma vida de nossos grão-mestres e de seu fiel grupo de pioneiros, a Fraternidade Universal considerou a Escola Espiritual da Rosacruz Áurea digna de sua admissão nessa corrente universal, vertendo sobre ela o inteiro cabedal de forças de todas as Fraternidades precedentes, possibilitando-lhe atuar de forma poderosa em todo o campo mundial. Esse é o maior e mais precioso tesouro, do qual fomos chamados a ser os guardiões, como fiéis depositários da herança de todas as Fraternidades que nos precederam.

Esse precioso tesouro traz consigo uma imensa tarefa, que é a de manter viva tal ligação, o que somente pode ser realizado na medida em que utilizamos o tesouro recebido. A única maneira de nos mantermos ligados à Fraternidade Universal é realizando plenamente seu trabalho no hoje vivente! Dessa forma nossa ligação permanecerá viva, e nos manteremos como uma célula ativa no corpo vivo de Cristo, como um elo vivente do Corpus Christi.

A síntese dessa ligação é denominada "A Tríplice Aliança da Luz", indicando que as três principais forças que se fizeram ativas nas Fraternidades precedentes também se encontram presentes em nossa Escola Espiritual. A Tríplice Aliança da Luz é formada pela Fraternidade da Rosacruz, pela Fraternidade dos Cátaros e pela Fraternidade do Graal, sendo que cada qual aporta um dos aspectos fundamentais que formam o corpo vivo da Escola Espiritual.

Da Fraternidade da Rosacruz recebemos a matriz da escola de mistérios, o cabedal de forças formado pelo conhecimento alquímico que torna possível a transfiguração, simbolicamente representado pela câmara secreta de Cristão Rosacruz. Essa câmara secreta é um espaço sagrado e protegido no puro campo mental da Terra-Céu, formado por imagens viventes do quinto éter, protegidas por uma esfera inviolável do éter refletor em seu estado virginal. Tais imagens ígneas são incorruptíveis, assim como o corpo imaculado de Cristão Rosacruz, a matriz do ser humano imortal, e contêm o conhecimento vivente do processo alquímico da transfiguração. Dessa forma, o tesouro da Fraternidade da Rosacruz possibilitou a formação, o crescimento e a vivificação da Escola de Mistérios da Escola Espiritual Contemporânea.

Da Fraternidade dos Cátaros recebemos a matriz do campo de força, luz e vida, que permitiu a manifestação do corpo vivo como uma esfera serena e luminosa, como um novo campo etérico e astral. Esse campo etérico e astral, que forma o corpo vivo da Escola Espiritual, estende-se desde as esferas sutis de nossa natureza até às margens do novo campo de vida na Terra-Céu, o campo de éter-luz que envolve nosso cosmo, o lar das almas imortais. Nesse grande campo materno, os embriões da nova alma, gerados pela semente divina da centelha do espírito no coração de todos os seres anelantes, podem ser acolhidos e sustentados, até seu pleno desenvolvimento. Assim, o tesouro da Fraternidade dos Cátaros permitiu a formação, o crescimento e a vivificação do corpo vivo, como um verdadeiro lar das almas, para todos aqueles que foram tocados e despertados pela luz.

O tesouro da Fraternidade do Graal, por sua vez, possui natureza dupla que precisa ser muito bem compreendida. Tal natureza dupla refere-se ao fato de que a Fraternidade do Graal, por ser a mais elevada e sublime da Tríplice Aliança da Luz, possui também a tarefa mais concreta, seguindo a lei de que ao mais forte é sempre destinada a tarefa mais árdua. Pelo seu aspecto mais elevado, a Fraternidade do Graal nos franqueou o acesso ao salão superior, o campo da cabeça áurea que é parte do corpo vivo da própria Fraternidade Universal. Esse acesso somente pode ser assegurado e mantido como ligação permanente, na medida em que realizamos a tarefa muito real e concreta que recebemos da Fraternidade do Graal: a tarefa de libertar o mundo e a humanidade, mediante uma ação renovadora!

Ao sabermos de tudo isso, talvez nos sintamos pequenos demais, ou simplesmente indignos, diante da magnitude e da abrangência da tarefa que nos é apresentada. Obviamente uma tarefa tão gigantesca não pode ser executada apenas por um grupo de seres humanos, por mais numeroso e dinâmico que seja. Por isso, a obra da Fraternidade não pode ser vista de uma forma restrita, pois seu trabalho se encontra presente em todos os aspectos da vida humana. A Fraternidade atua desde o plano mais sutil das ideias até a vida material concreta, tocando, despertando e impulsionando todos os seres humanos que amadurecem e se enobrecem para tal. Portanto, o trabalho de uma Escola Espiritual como a nossa precisa ser compreendido nesse contexto infinitamente maior e mais amplo. Nosso papel, assim como uma das infinitas peças coloridas de um imenso mosaico, é o de acolher todos aqueles que foram despertados no campo mundial pelo próprio impulso da Fraternidade; sim, acolhê-los em um campo apropriado para que a semente da eternidade que neles despertou possa se tornar o embrião de uma nova consciência, até que atinja a maturidade de um novo ser.

Por isso, nossa Escola Espiritual precisa trabalhar em total sintonia com o esforço mundial da Fraternidade da Vida, levando os seres por ela despertos à plena realização do caminho do renascimento estrutural de sua consciência e de todos os seus veículos. Essa é nossa tarefa específica e particular no grande contexto do trabalho mundial da Fraternidade, ao mesmo tempo em que cooperamos ativamente como grupo no grande esforço do amadurecimento e do despertar da nova consciência em todos os seres humanos.

Há uma tarefa pessoal e única para cada um de nós neste grande panorama; cada um de nós ocupa um lugar único neste grande e vasto mundo, desempenhando um papel em nossa própria vida e na vida de centenas, talvez até de milhares de outras pessoas. É como se cada um de nós fosse um dos tênues filamentos das raízes de uma grande e frondosa árvore, ligados a uma pequena, mas única parcela do imenso solo que a nutre e sustenta.

Por isso o trabalho que precisamos realizar como seres humanos tocados pela luz se encontra tão próximo, pois não precisamos ser pessoas diferentes, nem viver experiências diferentes, mas sim vivenciar as mesmas situações, nas mesmas circunstâncias, porém de uma maneira nova e transformadora. É dessa maneira concreta que podemos e devemos auxiliar a libertação do mundo e da humanidade, na medida em que, por nossos atos – e não por belas palavras – levamos a luz que nos tocou o coração à vida de todos aqueles a quem estamos ligados. Não tentando forçá-los a viver de forma diferente, mas vivendo o que nos cabe viver, junto a eles, a partir da perspectiva interior do que se tornou real em nossa alma. Esse é o verdadeiro trabalho em prol do mundo e da humanidade de que nos fala a Fraternidade da Vida, pois isso é colocar o amor universal em prática, na medida em que tenhamos a coragem de viver o que nos cabe viver no mundo da matéria a partir do mundo da alma. Assim, o essencial, invisível aos olhos, se torna perceptível pelo coração.

Depois de tudo o que passamos nos últimos anos, e dos desafios que se desencadearam para toda a humanidade, podemos dizer que somos todos muito privilegiados. Por quê? Em primeiro lugar, simplesmente por estarmos vivos. Milhões de seres humanos em todo o mundo pagaram o preço nos duros anos de pandemia com a própria vida, e não estão mais entre nós. Em segundo lugar, porque, mesmo que estejamos atravessando dificuldades, sejam de saúde ou materiais, ainda temos o mínimo que nos assegura a sobrevivência e que nos permite aspirar um objetivo superior na vida, enquanto centenas de milhões de seres humanos, muitos deles em nosso próprio país, não possuem sequer o que comer. Em terceiro lugar, porque, como buscadores do objetivo superior da vida, encontramos uma Escola Espiritual e um grupo de trabalho, e assim possuímos o apoio necessário para trilharmos a senda interior sem maiores obstáculos ou impedimentos. E, finalmente, em quarto lugar, porque ganhamos a chance de um recomeço, pela interrupção do automatismo de nossos hábitos, como se tivéssemos de presente a chance de reencarnar na plena lucidez da vida.

Sim, somos verdadeiramente privilegiados, e não nos perdoaríamos se, no futuro, ao olharmos para trás, percebêssemos que desperdiçamos essa chance, mergulhando novamente na cinzenta repetição da vida egocêntrica, nos deixando arrastar pelo comodismo, ou carregando o peso inútil do passado. Estamos vivos, temos o suficiente, encontramos uma Escola e ganhamos a chance de ouro de um recomeço. O que mais poderíamos pedir? Em verdade, nada, pois isso é, de fato, o essencial, e com ele podemos viver cada instante a partir da essência da vida verdadeira. Sim, podemos viver cada instante em sua plenitude, inalando o aroma da essência da vida, ligados mais do que nunca à força da inteligência divina, à corrente de luz de todos aqueles que vivem na luz.

Por tudo isso, despertos e lúcidos, que possamos viver cada instante de nossa vida em total ligação a seu verdadeiro objetivo superior. Assim, a torrente de forças da Fraternidade Universal não nos abandona em nossos caminhos, e a ela permanecemos ligados, individual e coletivamente, eternamente fiéis a seu elevado objetivo e sua obra libertadora.

Que a Força, a Luz e o Amor da Fraternidade esteja sempre com todos!

O FLUXO DA VIDA

Os anos vividos na pandemia colocaram a humanidade inteira, simultaneamente, frente à possibilidade da morte. Isso desestabilizou nossa consciência e a percepção que temos da vida. Embora tenha diminuído o ritmo de perdas humanas, ainda estamos vivendo a realidade transtornada pelo furacão que passou pelo mundo. Nossa visão ainda está conturbada pelo movimento frenético que afetou a todos. Possivelmente, apenas as gerações futuras compreenderão de maneira mais profunda e ampla o que vivenciamos, quando estudarem os registros destes últimos três anos.

A convivência com o limite da vida, em uma escala tão amplificada, levou muitos a questionarem o sentido do nascer e do morrer. Por isso é importante refletirmos a respeito de alguns aspectos da morte, sob a ótica de uma escola espiritual.

Nascer, crescer, adoecer e morrer são condições inerentes à vida humana no mundo material. Há várias maneiras de encarar esse fluxo irremediável: num gesto de arrogância, podemos nos recusar a encará-lo; podemos estar tão ocupados com as demandas da vida que não temos tempo de pensar sobre nosso fim; de maneira inocente, podemos fingir que estamos fora de seu alcance; podemos nos esconder sob algum dogma que diz que tudo é a vontade de um deus onipotente ou vingativo; e ainda existem aqueles que minimizam o fenômeno da morte, acreditando que a lei da reencarnação atuará como uma espécie de seguro de vida a ser resgatado em um futuro indefinível.

Embora a ciência venha trabalhando arduamente para minimizar a dor da morte por meio dos cuidados paliativos, a insegurança que a proximidade do fim provoca está enraizada na psique individual e coletiva. Para a maior parte dos seres humanos a morte é vista como a antítese da vida. Essa é a raiz mais profunda da incompreensão do fenômeno da morte. Por que vemos a morte como um fim e não como uma curva em uma longa estrada? É esse estado de consciência que faz nossa relação com a morte ser tão traumática.

A filosofia universal afirma que no fluxo da vida na matéria, por um momento estamos conscientes no plano físico; no momento seguinte, nossa consciência é levada para outros planos, nos quais permanecemos conscientes de maneira ainda ativa, até que, com a dissolução total de todos os nossos corpos, os princípios de consciência ativa também se dissolvem. Posteriormente, novos princípios de consciência se formam no mundo material e tudo recomeça. E, ao recomeçar, o medo primevo da dissolução volta a se fixar na consciência humana.

A mesma filosofia universal afirma que essa consciência que vem e que vai, que podemos chamar de consciência natural (ou biológica), tem uma irmã gêmea, a consciência universal que nunca se dissolve, mas permanece intacta entre todos os giros da roda da vida e da morte. Essa consciência universal é a que nos torna buscadores da verdade, seres humanos que querem saber a razão e a solução do enigma da vida. Essa consciência universal está ativa em nós, alunos e buscadores da Escola.

Quando, por outro lado, a consciência natural começa a prestar atenção à influência que sua irmã gêmea provoca, tem início um processo de transformação extremamente revolucionário no qual essas duas manifestações começam a se influenciar mutuamente. Essa aproximação, e as transformações que dela decorrem, é análoga ao nosso processo de crescimento corporal e psíquico. Ao nascermos, **é** ativada a consciência ligada à vida biológica; por meio dela choramos quando temos fome, frio ou dor. Com o passar dos anos, essa consciência vai sendo ampliada pelo nascimento do corpo etérico, e começamos a nos perceber como seres vivos. Essa mesma consciência etérica é bastante alterada pelo nascimento do corpo astral e, finalmente, quando a consciência relativa ao campo mental se desenvolve é que o ser humano está completo.

Nenhum de nós deseja permanecer no estado de consciência de um recém-nascido; tornamo-nos adultos porque os estágios de consciência físico, etérico, astral e mental foram se dissolvendo e renascendo em uma espiral mais ampla. Ou seja, a vida somente se amplia quando o estado anterior alcançado é deixado para trás. Esse é o clássico princípio alquímico: *solve et coagula*, dissolver e coagular.

Voltemos à consciência da pessoa que busca a verdade. Ela o faz dentro e fora de si, levada pela influência da consciência universal que está latejando dentro dela. É assim que tal pessoa vai a inúmeros movimentos, buscando respostas. Ela tem a certeza intuitiva de que as respostas existem, apesar de não saber onde estão. Cada passo na busca pela verdade significa deixar para trás o conhecido e se abrir ao desconhecido.

A figura do Ouroboros, a serpente que engole a própria cauda, é um dos símbolos desse processo de transformação que todos nós precisamos realizar: o fim de um estado de consciência é o começo de outro. O que essa autofagia simbólica representa? O simples desaparecimento de uma vida ou a transposição de um estado de vida para outro, mais elevado?

Como a compreensão de um símbolo é livre, o Ouroboros pode nos mostrar o encontro entre as duas consciências humanas mais fundamentais: a universal, que é eterna, e a natural, do tempo e espaço. A cabeça, a força da eternidade, por meio do girar da roda da vida e da morte, vai comendo a cauda, a vida na matéria, realizando assim a transformação contínua do existir humano. É assim que a vida no tempo vai, pouco a pouco, se transformando em vida na eternidade. Usando a linguagem da Escola, diríamos que da alma natural nasce a nova alma.

A consciência natural, que no início da busca está totalmente centrada em si própria, em seu eu, entende que deve abrir espaço para que o princípio espiritual latente, a voz da centelha do espírito universal, possa despertar, ser alimentada e começar a crescer. Assim, o novo estado de consciência eterno nasce no tempo, avança do estado de recém-nascido e se torna dominante no interior do ser humano. É dessa forma que nasce o estado que a Escola denomina "Nova Alma".

Mas essa nova alma não é o objetivo final; também ela deve crescer e, depois de ter realizado tudo o que é necessário, dar lugar ao que chamamos de "Alma Espírito". Assim, a transformação espiritual é um contínuo nascer, crescer e abrir espaço para algo novo, mais amplo e elevado. É um eterno nascer, viver e deixar de existir e renascer em uma espiral mais alta da vida universal.

Isso nada tem a ver com o ato trágico de tirar a própria vida. Trata-se simplesmente da transposição de um estado de consciência para outro, mais elevado, enquanto se está vivo. Simbolicamente, nessa transposição o que passou é deixado para trás, como se morresse.

Essa dinâmica deve ser vivida em plena autonomia e consciência. Porém, antes que o novo nasça, toda morte causa a desestruturação do estado atual. Ser surpreendido pela morte natural perturba dolorosamente o fluxo da vida cotidiana e causa um choque, mesmo sabendo que ela é inevitável. O luto também é inevitável e deve ser vivido de maneira honesta e sincera.

Do mesmo modo, o processo de transformação da consciência também tem momentos dramáticos. É quando a consciência atual é levada ao extremo, e se lança numa espécie de vazio existencial que antecede o nascimento do estágio posterior. Nesse momento, a consciência dominante se desestrutura. Isso é simbolizado pelo estado de consciência João, que é decapitado, ou seja, deixa de existir para dar lugar ao estado de consciência Jesus. Também o estado de consciência Jesus deve passar pelo *solve et coagula*, ser dissolvido e renascer. Jesus é crucificado e renasce como consciência crística.

Diante da mudança, também esse estado elevado de consciência diz: "Pai, se possível, afasta de mim esse cálice", ao mesmo tempo em que se rende, dizendo: "Todavia, não seja como eu quero, e sim como Tu queres". No Bhagavad Gītā, Arjuna deve lutar contra seus próprios princípios de consciência, simbolizados por seus incontáveis amigos e parentes. Mas ele o faz amparado pelo estado de consciência superior, Krishna.

Deveria João aferrar-se à vida e não se entregar para renascer como Jesus? Deveria Jesus interromper o fluxo da transformação universal e não renascer como Cristo? Deveria Arjuna permanecer inerte no campo de batalha?

Assim, compreendemos que a transformação espiritual é um eterno "tudo receber, tudo abandonar e, assim, tudo renovar".

Deveríamos permanecer aferrados ao estado de consciência que temos hoje e não nos abrirmos à possibilidade de um irrompimento no novo? No início deste capítulo foram enumeradas as várias possibilidades de como encarar a morte física: ou nos recusamos a encará-la, ou nos escondemos dela por trás das ocupações ou fingimos que não seremos alcançados por ela.

Quando caminhamos pela autoiniciação, chega o momento em que a transformação alquímica fica clara à nossa frente como necessidade premente. É o momento em que saímos do discurso e passamos para a realidade da dissolução alquímica, o dissolver de um estado de ser. O que faremos então? Iremos nos recusar a encarar essa autodissolução? Iremos nos esconder por trás dos infinitos problemas da vida ou das ocupações? Fingiremos que não temos nada a dissolver, pois nos julgamos já grandes iniciados? Em resumo, iremos fugir do risco do luto pela perda da vida atual, embora queiramos a nova vida?

Na vida diária, se ainda não fomos confrontados com o luto da perda de pessoas queridas ou de situações, com certeza algum dia seremos. É nosso direito viver o luto da maneira mais digna e honesta possível.

Igualmente, no fluxo da transformação alquímica, somos colocados diante da perda do *status quo*. A grande diferença é que esse fluxo nos eleva em direção a um estado de vida mais elevado, mais rico espiritualmente. Não se trata de se perder sem razão e sem responsabilidade; pelo contrário, é um movimento perfeitamente consciente, por meio do qual a própria consciência é testemunha do que acontece.

Será necessário amadurecimento para perceber, de maneira nova, todas as nossas amarras, todas as trilhas mentais, emocionais e de vida com as quais estamos acostumados. Esses nós deverão ser desfeitos para que as cordas dos princípios de consciência possam ser jogadas para o alto, levando-nos para cima, e não nos mantendo embaixo, presos ao que somos.

Não se trata, finalmente, de perder a individualidade; pelo contrário, trata-se de ganhar uma nova individualidade, livre do tempo e do espaço e conectada com a eternidade. Por isso, quando o fluxo da transformação alquímica rumo às espirais da vida universal nos chama, não faz o menor sentido falar de luto pelo que ficou para trás, ou seja, pelos nossos estados de consciência anteriores. Também não faz sentido lutar contra esse chamado, aferrando-nos ao que somos agora, como se o que somos fosse a própria eternidade. Tudo isso pode ser desafiador, mas encarar esse desafio é vencer a morte em seu sentido mais profundo. Estagnar no que somos gera a cristalização; por isso a morte exterior é a garantia de que essa cristalização será interrompida e dissolvida pelo novo giro da Roda de Samsara. Deixar o estado de consciência do tempo e espaço rumo à consciência da eternidade não é, de forma nenhuma, morrer, mas sim alcançar a vida eterna. Por isso, os Rosacruzes sempre disseram, mas nem sempre foram bem compreendidos, que "a morte, verdadeiramente, não existe".

Entreguemo-nos, portanto, conscientemente, ao desafio tríplice que recebemos: compreender, aceitar e viver no fluxo sem fim da transformação da vida rumo às espirais infinitas da eternidade.

O CRISTIANISMO INTERIOR

A maioria de nós foi criada numa igreja cristã, católica ou em uma das evangélicas. Ao conhecer a Escola, o aluno entra em contato com um ensinamento que também tem como base o cristianismo, mas não se restringe a ele. A Escola considera que a essência de todas as tradições espirituais é única, e por isso é comum lermos ou ouvirmos citações de outras tradições, como o hermetismo, o taoísmo, o hinduísmo, o budismo e várias outras. A Escola também cita textos sagrados cristãos que não foram incorporados à Bíblia, como os evangelhos gnósticos. Poderá então a Escola da Rosacruz Áurea ser considerada cristã? Isso depende de como compreendemos o cristianismo.

Se nos restringirmos à compreensão tradicional, nossa resposta será negativa, uma vez que a Escola não considera apenas a Bíblia como livro sagrado, nem se prende a certos dogmas cristãos. Porém, se compreendermos o cristianismo como um movimento mais amplo, cujo nome exterior não é essencial, podemos dizer que sim. Alguns textos da Escola preferem explicar que ela é "cristocêntrica", ou seja, coloca o Cristo como base de seu trabalho – não a figura histórica de 2.000 anos atrás, mas a força crística universal que está presente no coração do planeta e no mais íntimo do ser humano. Em seus primórdios, o cristianismo era multifacetado, e diferentes grupos responderam de formas diversas ao impulso dado por Cristo há 2.000 anos. A maior parte desses grupos definia o cristianismo a partir de um conjunto de crenças ou dogmas, em especial com ênfase na pessoa de Jesus e seus milagres, e na concepção de que a salvação eterna somente viria pela intermediação de Jesus, o filho de Deus. Eles também destacavam a necessidade de autoridades religiosas oficiais como pontes entre o ser humano e o divino.

Outros poucos grupos, porém, compreendiam o cristianismo de forma distinta, como herdeiro do ensinamento iniciático das antigas escolas de mistério. Consideravam que o Cristo deveria ser descoberto no coração humano, no qual uma centelha espiritual está presente; e que havia necessidade da experiência imediata de contato com essa centelha, sem intermediação de instituições ou sacerdotes. Esse ensinamento, por si só, é revolucionário, porque tira o poder das autoridades externas e dos dogmas impositivos. Esses grupos reconheciam, porém, a necessidade do trabalho em comunidade, para que seus membros se apoiassem mutuamente. Eles se tornaram conhecidos, na história, como cristãos gnósticos.

Alguns textos do cristianismo gnóstico foram escritos nos primeiros séculos do cristianismo. Um deles se destaca por ser também um evangelho, o Evangelho de Tomé, e por ser tão ou mais antigo que os textos mais antigos do Novo Testamento. Esse texto não conta a história da vida de Jesus, mas traz 114 sentenças que teriam sido ditas por ele. De forma direta ou enigmática, a maioria delas aponta a necessidade de profunda transformação interior. Algumas sentenças extraídas desse Evangelho são:

> "Jesus disse: Que aquele que procura, não cesse de procurar até que encontre; e ao encontrar a pessoa ficará perturbada; e estando perturbada, ficará maravilhada e reinará sobre a totalidade".

> "Jesus disse: Se aqueles que vos guiam vos disserem: 'Vede, o Reino está no céu', então os pássaros vos precederão. Se vos disserem: 'ele está no mar', então os peixes vos precederão. Mas o Reino está dentro de vós. E está fora de vós. Quando vos tornardes conhecidos de vós mesmos, então sereis reconhecidos. E compreendereis que vós é que sois filhos do pai vivente".

> "Jesus disse: Se vós fazeis render o que está em vós, o que tendes vos salvará. Se não tendes o que está em vós, o que não tendes dentro de vós [irá] vos matar".
>
> "Jesus disse: Eu é que sou a Luz [que preside] a tudo. Eu é que sou a totalidade: é de mim que veio a totalidade e é para mim que vai a totalidade. Rachai uma peça de madeira: eu estou ali. Levantai uma pedra, e me encontrareis ali".
>
> "Jesus disse: Quem quer que beba de minha boca se tornará como eu; eu, também, me tornarei como essa pessoa, e a essa pessoa as coisas ocultas serão manifestadas".[15]

Os trechos acima são suficientes para mostrar a natureza revolucionária desse ensinamento. Não se trata simplesmente de crer, mas também de adquirir um conhecimento direto da realidade espiritual interior e de se transformar fundamentalmente a partir dele, aplicando-o na vida. Esse conhecimento direto é denominado "Gnosis".

Esse evangelho ficou perdido por mais de 1.500 anos, pois foi banido pela Igreja da época, sendo considerado herético. Após vários séculos, ele foi redescoberto no Egito, em 1945, com vários outros textos gnósticos que constituiriam a chamada Biblioteca de Nag Hammadi, em homenagem ao local onde foram descobertos. Outros textos da Biblioteca de Nag Hammadi, como o Evangelho de Maria, o Evangelho de Filipe, o Evangelho da Verdade e o Livro Secreto de João, também dão testemunho dessa visão interior do cristianismo.

Apesar dos evangelhos gnósticos terem ficado perdidos por tanto tempo, suas concepções ressurgiram, de forma misteriosa, ao longo dos séculos. Grupos cristãos, como os paulicianos, os bogomilos e os cátaros, revivificaram as mesmas ideias proibidas

15. Layton, B. *As Escrituras Gnósticas*. Sentenças 2, 3, 70, 77, 108.

do cristianismo interior. A partir do século XVI, com a Reforma Protestante, a Igreja Romana perdeu seu monopólio sobre a interpretação da Bíblia. Porém, como os rosacruzes clássicos perceberam, a Reforma não foi longe o suficiente e se cristalizou em novos dogmas. Na época não era possível ter uma visão clara do cristianismo original, pois não se tinha mais acesso aos textos do cristianismo gnóstico. Por isso, mantiveram-se restritos ao mesmo conjunto de textos que a Igreja católica tinha definido como canônicos, que constituíam a Bíblia. Não foi por acaso que a humanidade recuperou os textos do cristianismo gnóstico no século passado, pois as antigas estruturas dogmáticas já tinham perdido parte de seu poder sobre as consciências; a humanidade tinha chegado a um ponto de desenvolvimento em que poderia acessar novamente essas verdades esquecidas.

Foi também nessa época que a Escola passou a se apresentar como uma "jovem fraternidade gnóstica". Essa mesma linha do cristianismo interior é seguida pela Escola Espiritual da Rosacruz Áurea. Da mesma forma que os primeiros cristãos gnósticos, seu foco é a realização interior a partir da ligação com a centelha espiritual no coração. Também como eles, não há mestre externo nem intermediário entre o aluno e o Cristo interno; aquele conta apenas com o auxílio impessoal do campo de força da Escola.

A literatura da Escola também faz várias referências aos textos do cristianismo gnóstico. Rijckenborgh escreveu um conjunto de conferências sobre um dos textos já conhecidos em sua época, o *Evangelho Pistis Sophia*, que depois seria publicado em livro. A Escola também utiliza os textos bíblicos, principalmente os Evangelhos, porém, sempre trazendo uma compreensão interior e iniciática, e não a compreensão histórica normalmente difundida. Isso é perceptível em vários trechos da literatura da Escola, em que as figuras de João Batista, de Jesus e de Cristo são tratadas como etapas de um caminho interior de transformação. O elemento histórico, aqui, é completamente secundário. As passagens seguintes deixam claro esse ponto:

> A fé libertadora nada tem a ver com submissão à autoridade intelectual, ser arrastado por emoções místicas ou com o instinto de autoconservação do eu. Não, o primeiro estágio elementar de libertação se evidencia microcósmica, anatômica e corporalmente. Por isso, afirma-se que a verdade, a realidade, nos libertará. Podemos sugerir a nós mesmos muitas coisas, podemos também iludir outros por muito tempo, mas somente fatos serão úteis para o aluno e lhe proporcionarão certeza interior. Trata-se aqui de um novo estado anatômico, que inicialmente se demonstra nos santuários do coração e da cabeça e, transportado pelo sangue, difunde-se por todo o estado de ser. Pela vibração mais elevada do átomo de Cristo, uma nova força sanguínea é liberada mediante a glândula timo – um novo hormônio! Esta nova força sanguínea corre primeiro através do Jordão ou pequena circulação sanguínea, alcança o santuário da cabeça e seus centros. Ela transforma o novo estado de certeza de fé em realidade quando [...] começa a reagir positivamente aos impulsos do átomo de Cristo. Se esta capacidade está presente, no mesmo momento Jesus é batizado no Jordão. Ou seja, a nova força sanguínea, o novo hormônio do átomo de Cristo, pode fazer valer sua influência em todo o sistema controlado pelo eu dialético. Jesus inicia então sua peregrinação no pequeno mundo do aluno. Esses processos tornam-se possíveis quando o eu dialético recua psicológica e fisicamente diante do eu de Cristo: o aluno submerge em Jesus, o Senhor. João é preso e decapitado. O tríplice processo de libertação apoia-se sobre essa base corpórea. Quem sobe ao primeiro degrau deste caminho fornecerá provas disso com sua inteira atitude de vida e com todas as suas ações, sem forçar nada e de maneira completamente natural. Todo esse caminho nos é descrito exatamente no Evangelho. A despeito de todas as mutilações a que, lamentavelmente, foi submetida a Sagrada Escritura, a verdade ainda se

> irradia através de todos os véus deliberadamente tecidos. Apenas podeis ler essa verdade, contudo, quando o Evangelho for escrito em vosso coração.[16]

Mesmo a Bíblia aberta no prólogo do Evangelho de João, que se encontra em todos os templos da Escola, deve ser vista como um símbolo do Verbo divino e não como letra morta e ensino dogmático. A Escola herdou toda uma bagagem cristã dos pioneiros que a fundaram, mas esses pioneiros procuraram liberar o espírito das vestes mortas das palavras não mais compreendidas. Eles ensinaram que o cristianismo é um caminho iniciático, um caminho de descoberta e transformação interior. Manter viva a realidade espiritual que está por trás do ensinamento cristão é também tarefa da Escola. Não é porque muitos grupos, religiões ou instituições utilizam esse ensinamento de forma dogmática, deturpada ou superficial, que a Escola deveria abandoná-lo. Muito pelo contrário: milhões de seres humanos se utilizam desse ensinamento de uma forma ou de outra. Se por trás dele existem pessoas que o compreendem interiormente e irradiam essa compreensão como uma verdade viva, então ele ainda não terá se tornado uma letra morta, mas está carregado de uma força transformadora que pode atuar, consciente ou inconscientemente, em todos aqueles que a ele se dirigem.

Que também possamos vivenciar o cristianismo como uma realidade sempre atual, viva e transformadora. E que por meio dessa vivência possamos contribuir na difusão da profundidade desse ensinamento.

---

 16 Rijckenborgh, J. van. *O novo homem*, cap. I-14.

OS SACRAMENTOS

A palavra sacramento vem da raiz latina *sacer*, que significa "sagrado". Portanto sacramento é um ato capaz de tornar algo santo ou sagrado. Diante das deturpações e dos abusos a que as religiões submeteram o conceito e a prática dos sacramentos, é fundamental estabelecer clara distinção entre essa realidade distorcida e o que constitui sua função no trabalho das escolas espirituais.

Há três elementos que diferenciam a prática das religiões comuns do trabalho sacramental realizado em uma escola espiritual, a saber: seu objetivo, seu campo de atuação e seu meio de realização.

Analisemos esses três aspectos sob a ótica das religiões naturais. O objetivo de um sacramento realizado por uma religião natural é o de estabelecer uma ligação permanente entre o indivíduo e a religião em questão. Assim, ao ser batizado, se casar, ou receber a extrema unção, um indivíduo se torna imediatamente membro da igreja ou religião que administra tal sacramento. O objetivo dos sacramentos nas religiões em geral é, assim, o de transformar o indivíduo em um fiel, mediante uma ligação permanente entre seus veículos sutis e a egrégora da igreja, que se encontra nas esferas sutis de nosso campo comum de existência.

Isso leva ao segundo elemento, o campo de atuação. Como mencionado, o campo de atuação dos sacramentos nas religiões naturais são as esferas sutis, que pertencem ao campo da existência humana comum. Assim como no mundo físico existem incontáveis grupos religiosos, com visões claramente antagônicas – desde o que venha a ser a divindade até o que seja moralmente correto ou não –, da mesma forma isso se reflete nos campos sutis que nos rodeiam. Assim como as diferentes religiões disputam seus fiéis no mundo material, buscando assegurar seu poder e subsistência física, o mesmo ocorre nos planos sutis, em que o ciclo de dominação sobre as consciências humanas se fecha e se reforça.

E isso nos leva ao terceiro elemento, o meio de realização. Para assegurar seu objetivo de propagação e crescimento, e seu campo de atuação que visa o controle direto e permanente da consciência, é necessário utilizar um meio de realização compatível, que visa alterar o funcionamento dos corpos sutis dos fiéis dessas igrejas e religiões. Isso se dá pela utilização de formulações das energias vitais e emocionais dos veículos sutis dos sacerdotes desses grupos que, por meio de antigas práticas mágicas naturais, como a utilização de mantras ou a imposição de mãos, causam uma intervenção mais ou menos permanente nos centros energéticos daqueles que se sujeitam a tais práticas. O que ocorre se assemelha ao fenômeno da ressonância, quando a contínua repetição de uma onda sonora que se propaga em um ambiente intervém na vibração dos objetos circundantes, fazendo com que eles vibrem no mesmo comprimento de onda, ecoando de volta o mesmo som. O mesmo se dá nos centros energéticos dos veículos sutis de um indivíduo, que é ligado dessa forma à egrégora de uma igreja ou de uma religião: ele passa a emitir a mesma assinatura vibratória.

Isso explica muita coisa no mundo atual, tão moderno na superfície, mas ainda tão marcado pela manipulação religiosa milenar que talvez, mais do que nunca, embota e controla a consciência de bilhões de seres humanos.

O trabalho de uma escola espiritual se encontra em diametral oposição a tudo isso. E para compreendê-lo melhor, vamos utilizar os mesmos três elementos explorados até agora.

O objetivo do trabalho sacramental de uma escola espiritual é dotar o ser humano de uma nova capacidade orgânica. Dito de outra forma, uma escola espiritual não visa transformar ninguém em um fiel ou crente, mas sim em um indivíduo livre e autônomo. O objetivo de uma escola espiritual não é o de angariar e controlar um obediente grupo de fiéis, que segue placidamente e sem maiores questionamentos um grupo de líderes religiosos, mas sim o de resgatar e impulsionar a autonomia espiritual em cada ser humano, na base da única autoridade que é o espírito que já se encontra em seu ser.

Quanto ao campo de atuação, o trabalho sacramental de uma escola espiritual é sempre totalmente impessoal; não busca nenhuma ligação com um suposto mestre, ou uma autoridade religiosa exterior; não se coloca como intermediária entre a divindade e o indivíduo. Sendo assim, ela não liga o indivíduo a uma egrégora preexistente nos campos sutis desta natureza, mas o coloca sob a influência direta de um campo muito especial e fundamentalmente diferente. Trata-se de um campo formado além das esferas sutis desta natureza; em linguagem figurada, "o campo das almas imortais" que venceram em si a limitação do tempo e do espaço, no qual impera a unidade e a impessoalidade absolutas.

E isso se comprova pelo terceiro elemento, seu meio de realização. O meio de realização do trabalho sacramental de uma escola espiritual não se encontra nas forças e formulações dos veículos sutis comuns e suas respectivas egrégoras, mas sim no fluido ígneo da nova consciência. Para diferenciar esse fluido extremamente poderoso e de altíssima vibração, da esfera de nossa vida comum, ele é simbolicamente chamado de "éter ígneo" ou "quinto éter", por se encontrar acima dos quatro elementos da natureza. Como esse "quinto éter" encontra-se além do plano da consciência comum, diz-se que podemos compreendê-lo como uma serena esfera, pura e luminosa, formada por todos os que se elevaram além dos véus do tempo e do espaço, e que envolve todo o cosmo, em perfeita unidade de alma, sem distinção ou separação alguma. É a partir desse fluido, dessa nova substância, que já deve se encontrar presente naqueles que avançaram pela senda interior, que o trabalho sacramental das escolas espirituais pode ser realizado. Um trabalho que coloca a centelha do espírito, que arde no âmago do ser humano, diante do fogo e da luz desse campo universal, em plena liberdade e sem nada forçar.

Por essa razão, ao contrário do que realizam as igrejas e religiões naturais em geral, o trabalho sacramental das escolas espirituais se baseia em três princípios muito poderosos e claros: autonomia, impessoalidade e plena liberdade. Essas são as bases corretas para a compreensão do trabalho sacramental de uma escola espiritual.

Na manifestação atual da Escola Espiritual, ela está autorizada a utilizar os dois sacramentos estabelecidos pela Fraternidade da Vida: o Batismo e a Santa Ceia. Esses dois sacramentos na Escola não possuem relação alguma com as práticas mágico-naturais das religiões e suas egrégoras, mas visam ligar o ser humano às duas grandes correntes cósmicas: a corrente da formação da consciência e a corrente da transcendência da consciência.

Nessas duas correntes podemos ver os grandes ciclos universais da natureza e da supranatureza. Primeiro, o ciclo da natureza, desde a manifestação da vida até o surgimento de um ser autoconsciente, no qual, do âmago de sua alma, desponta a centelha do espírito como promessa da verdadeira destinação de toda a existência. E assim, quando a autoconsciência surge e amadurece, despertando do coração da matéria, abre-se o ciclo da supranatureza, a segunda espiral de desenvolvimento, a corrente ascendente da transcendência, que deve ser criada pelo próprio ser a partir da força da centelha sagrada que arde em seu coração.

Essas são as duas grandes espirais, a da alma e a do espírito; por essa razão elas também atuam por meio dos dois grandes elementos que sustentam toda a alquimia da transmutação humana: a água e o fogo – a água viva (a nova substância vital da consciência-alma) e o fogo invisível (a nova substância ígnea da consciência-alma-espírito). Essas são as duas substâncias utilizadas pela Escola Espiritual em seu trabalho sacramental, que visa auxiliar seus alunos a se ligarem a essas duas correntes universais.

E da gradação e da mescla dessa água e desse fogo surgem os sacramentos aplicados pela Escola Espiritual Contemporânea: o Batismo pela Água – concedido às crianças e aos jovens, como auxílio para a formação de seus corpos sutis; o Batismo pelo Fogo – concedido aos alunos que deixaram sua veste material pelo serviço sacramental do desligamento, aos alunos que recebem uma tarefa sumo-sacerdotal pelo *consolamentum* dos renascidos, e àqueles que se aproximam do desenlace do corpo físico, mediante o *consolamentum* dos enfermos; e a Santa Ceia – que representa a essência do trabalho alquímico da própria alma na senda da autoiniciação, pela mescla da água e do fogo, simbolicamente indicados como o pão e o vinho, e que embasa o trabalho de cura e auxílio do Rozenhof, que sustenta o trabalho dos graus interiores, e que deve impulsionar o trabalho diário de todos os alunos e alunas da Escola Espiritual.

A Escola Espiritual tem em alta conta o trabalho sacramental que lhe foi confiado, porque ele representa a pedra fundamental, a pedra angular, sobre a qual pode ser erguido todo o edifício de sua obra alquímica.

Nos próximos capítulos, esse trabalho será tratado de maneira aprofundada, para ampliar a compreensão do aluno e, assim, ele poderá cooperar com sua realização de maneira cada vez mais dinâmica e vivente.

O BATISMO

O capítulo anterior apresentou os fundamentos do trabalho sacramental da Escola Espiritual; este apresenta o sacramento do batismo, em sua aplicação no trabalho gnóstico contemporâneo. O batismo é um ato de ligação baseado nos dois elementos alquímicos fundamentais, a água e o fogo, e compreende: o batismo pela água – concedido às crianças e aos jovens, como auxílio para a formação de seus corpos sutis; e o batismo pelo fogo – concedido aos alunos que recebem uma tarefa sumo-sacerdotal pelo *consolamentum* dos renascidos, àqueles que se aproximam do desenlace do corpo físico mediante o *consolamentum* dos enfermos e aos alunos que deixaram sua veste material pelo serviço sacramental do desligamento.

Sobre o batismo pela água, foi esclarecido no capítulo anterior que a Escola Espiritual não o realiza para converter as crianças e os jovens ao rosacrucianismo, isto é, não busca estabelecer nenhum vínculo entre elas e a Escola; elas não são colocadas, nem institucional nem magneticamente, sob a influência do Lectorium Rosicrucianum, pois não seria correto impor uma ligação forçada a uma jovem alma, que ainda não possui a consciência totalmente formada e autônoma. Fazer isso é indigno para uma Escola Espiritual, ainda que os pais das crianças e jovens estejam convencidos de que isso é o melhor para elas. Lembre-se que o trabalho sacramental da Escola Espiritual se pauta pelos princípios basilares da autonomia, impessoalidade e liberdade.

O batismo pela água está relacionado à corrente descendente do Logos, que acompanha e estimula a formação, o despertar e o amadurecimento da consciência humana até que, por si mesma, esteja pronta para criar o arco ascendente. Este será formado por uma nova consciência que, despertada, conduz à plena realização do objetivo universal da vida. A criança ou o jovem ainda se encontram no primeiro arco, em pleno processo de construção de seus veículos físico e sutis, que lhes servirão de base para a manifestação de sua consciência em plena autonomia. O sacramento do batismo liga a criança ou o jovem às puras correntes etéricas do Logos, à esfera sutil, serena e virginal do campo das almas imortais que trilharam o caminho do arco ascendente da nova consciência-alma, criando nova esfera de vida em nosso cosmo, envolvendo-o e interpenetrando-o. Essa ligação jamais viola o princípio da autonomia, da impessoalidade e da liberdade; ela não interfere no destino cármico, e assim não rompe a autonomia do ser; ela não cria vínculo com uma instituição nem com uma autoridade religiosa exterior, mantendo-se totalmente impessoal. Ela apenas objetiva estimular o crescimento livre e saudável de todos os veículos desse jovem ser, preservando sua liberdade para que, no momento devido, quando a autonomia de sua consciência estiver formada, ele mesmo escolha seu caminho de vida.

Estas palavras de Jan van Rijckenborgh, retiradas do serviço sacramental do batismo, reforçam e esclarecem o que acima foi exposto:

> Através do Sagrado Batismo, ligamos nossos filhos à corrente descendente, a fim de, mais tarde, quando a individualidade estiver desenvolvida, colocá-los diante da corrente ascendente, simbolizada pela Santa Ceia, a união consciente da Alma com o Espírito, por meio da qual a própria consciência poderá adquirir o Selo e os sinais da renovação, através do trilhar da senda em liberdade, e mediante uma verdadeira nova atitude de vida.

Tendo esclarecido o elevado objetivo do batismo da água, destinado às crianças e aos jovens, vejamos em seguida o batismo pelo fogo, que em nossa Escola se manifesta de maneira tríplice, na forma do *consolamentum* dos renascidos, do *consolamentum* dos enfermos e do serviço sacramental de desligamento.

Assim como as Fraternidades precedentes, a Escola Espiritual está autorizada a auxiliar através do sacramento do *consolamentum* dos renascidos todos os que dela recebem a tarefa de levar adiante seu trabalho, pela realização de uma tarefa sumo-sacerdotal. Os relatos da Fraternidade dos Cátaros, publicados em nossa literatura, proveem indicações suficientes para quem desejar se aprofundar no tema. Mas antes de prosseguir, é fundamental que se esclareça que o Amor Divino, que é a assinatura do trabalho da Fraternidade da Vida, jamais exclui nada nem ninguém de sua esfera de influência. Por essa razão, o *consolamentum* dos renascidos, que é o estabelecimento da ligação permanente entre os dois núcleos no santuário da cabeça – o centro da alma na hipófise e o centro do espírito na pineal – está acessível a todos os candidatos que percorrem a senda do renascimento da alma, independentemente do aspecto em que se encontrem exteriormente ou do trabalho que realizem em nome da Escola Espiritual. Em seu trabalho, a Escola jamais força coisa alguma: apenas auxilia a manifestação de uma condição inerente ao próprio ser. Assim, quando o aluno avança em sua senda interior, e os centros da alma se abrem à radiação do espírito que se derrama sobre o círculo ígneo da pineal, o selo do *consolamentum* surge em sua fronte como "o sinal do Filho do Homem". Todos são chamados ao irrompimento no campo da cabeça áurea, pois, em impessoalidade absoluta, ele se encontra franqueado a todos os que se enobreceram para tanto.

Avancemos agora aos sacramentos do *consolamentum* dos enfermos e do desligamento. Talvez o ponto mais delicado da existência da alma humana seja o momento em que ela abandona o corpo físico para se tornar consciente em seus veículos sutis. Por essa razão, a Escola Espiritual, movida por grande compaixão, presta auxílio a seus alunos e alunas nessa hora para apoiá-los nessa passagem. O *consolamentum* dos enfermos visa auxiliar os alunos que se aproximam desse momento, sustentando-os no gradual desenlace dos fogos da consciência no santuário da cabeça, que se encontram concêntricos com seu veículo material, para que possam gradualmente transferir seu centro de gravidade para seus veículos sutis. Para todos os alunos que reconhecem que esse momento se aproxima, e que desejam receber esse auxílio (portanto respeitando sua autonomia) de forma impessoal e em plena liberdade, a Escola Espiritual está autorizada a assisti-los, mediante o sacramento do *consolamentum* dos enfermos.

O que se realiza nesse momento? Da mesma forma que o batismo pela água liga a consciência aos seus veículos em pleno crescimento, auxiliando-a na espiral descendente do Logos, o batismo pelo fogo, neste caso o *consolamentum* dos enfermos, visa liberar os sete fogos da consciência do veículo material, voltando-os para a rosa sétupla do coração, preparando-os para a continuidade da senda nos domínios sutis do corpo vivo. Trata-se de grande e amoroso auxílio que pode ser prestado aos alunos e alunas da Escola Espiritual, e todos aqueles a quem a Escola confiou esta tarefa puderam constatar o seu alcance.

Finalmente, abordemos o serviço sacramental do desligamento para que possamos compreendê-lo melhor e sustentar esse trabalho da maneira mais positiva e consciente possível. Este é o sacramento mais sutil e ao mesmo tempo mais intenso que a Escola Espiritual está autorizada a realizar. Ele precisa ser realizado mediante as vestes sutis da consciência-alma do aluno ou da aluna que deixou seu veículo material. Primeiramente, é necessário esclarecer porque este sacramento possui este nome e a que exatamente ele se propõe.

Nosso ser é formado por um arquétipo tríplice: o espiritual, o anímico e o biológico. O espiritual é representado pelo que denominamos de microcosmo. O anímico é representado pelos corpos sutis, formados a partir da memória cármica do microcosmo, conhecidos na linguagem esotérica tradicional por corpos mental, astral e vital. E o arquétipo biológico é formado pelo corpo físico e seu duplo etérico, que é uma imagem, uma memória energética, do primeiro.

O arquétipo espiritual é imortal. Ele representa o polo universal e divino do ser humano, que se encontra além dos limites espaço-temporais de nossa consciência atual. Portanto, podemos compreendê-lo como o próprio ser da eternidade, o Ser Real em nós. O arquétipo anímico é formado pelos veículos mortais que podem tornar-se imortais, por meio do que denominamos de transfiguração. Em nosso atual estado de consciência eles são mortais, porém, com o nascimento, o crescimento e o amadurecimento de uma nova consciência a partir do arquétipo espiritual, tais veículos podem ser reconstruídos e manifestar-se além da fronteira espaço-temporal. Por outro lado, o arquétipo biológico é essencialmente mortal, pois suas estruturas celulares e toda sua memória operativa foram formadas a partir de um estado de consciência puramente tridimensional, e assim, estão fadadas a desaparecer, como um fenômeno espaço-temporal.

Durante a vida material, o esforço do aluno na senda é o de libertar gradualmente seu arquétipo anímico de seu arquétipo biológico, transferindo o seu centro de gravidade para seu arquétipo espiritual. Porém, no momento da morte, todos os laços e vínculos que ainda não foram transmutados, sobretudo entre o corpo vital e o duplo etérico, resistem à sua dissolução. O duplo etérico não se dissolve imediatamente após a morte, pois ainda encontra seu substrato no corpo físico, que faleceu, mas ainda não se desfez. Assim, os corpos sutis, em seu processo de transmutação, assemelham-se a um balão preso a uma rocha, o corpo etérico denso permanecendo ligado ao corpo físico. Para auxiliar essa consciência-alma que busca desligar-se de tais liames, a Escola Espiritual oferece o serviço sacramental de desligamento, que normalmente é realizado após um período mínimo do falecimento, para permitir que a consciência esteja minimamente desperta no campo sutil e possa cooperar ativamente com ele.

Da mesma forma que no longínquo passado, quando as cinzas da cremação eram colocadas em uma urna de barro, em nossos templos, durante a realização do serviço de desligamento, o vaso vazio é colocado no centro do triângulo que representa o *Trigonum Igneum*, o triângulo de fogo, onde o puro fogo astral do corpo vivo se concentra. Assim como a criança é batizada por um toque tríplice pela água, o aluno que deixou seu corpo material recebe um toque tríplice pelo fogo, visando a elevação de seu microcosmo, a libertação de sua alma e o renascimento de seu novo corpo. Esse é o auxílio amoroso e cheio de compaixão oferecido pela Escola Espiritual a todos os seus alunos e alunas que deixam sua veste material. Dessa forma, em autonomia, em impessoalidade e em liberdade, a própria alma poderá desvencilhar-se de suas ligações e decidir qual caminho deverá seguir, de acordo com a chave magnética do âmago de seu ser. E caso seja esse o seu anseio, o campo de força, luz e amor da Fraternidade da Vida está presente nessa hora, e nele essa alma é acolhida, e a continuidade imediata do trabalho está assegurada.

ROZENHOF OU A SANTA CEIA

Assim como no centro do microcosmo se encontra a rosa do coração, esse puro e luminoso sétuplo coração etérico em cujo núcleo está a centelha do espírito, da mesma forma no centro do corpo vivo da Escola Espiritual também se encontra um sétuplo coração, feito do mais puro éter-luz. Desse coração central, no qual se encontra a semente que gerou o corpo vivo e o fez germinar e crescer, partem linhas de força em todas as direções, qual perene e poderosa circulação energética, que alimenta e se retroalimenta, por meio de sua ligação inquebrantável com todos os órgãos do corpo vivo. Esse coração central possui um nome: "De Rozenhof", que significa "o jardim das rosas".

Fisicamente, ele se encontra em um belíssimo lugar, em uma pacata cidade da Holanda que, durante muitos anos, serviu como residência para Jan van Rijckenborgh e sua família, bem como para Catharose de Petri, e onde o trabalho da Ekklesia foi criado e até hoje é mantido. Atualmente esse local é a sede mundial do trabalho da Escola Espiritual e o ponto focal da Direção Espiritual Internacional. Todos os que o visitam testemunham a elevada atmosfera que dele emana e os momentos especiais que lá vivenciam. Por trás dessa bela e elevada manifestação visível, existe o verdadeiro Jardim das Rosas, o verdadeiro coração etérico do corpo vivo, puro, cristalino e irradiante; Rozenhof não é um lugar, mas um campo, uma poderosa e intensa vibração. E quando questionam onde ele se localiza, silenciosamente é apontado o único lugar onde ele pode ser realmente encontrado: nosso próprio coração. Rozenhof, o jardim das rosas, o coração do corpo vivo, está em nosso próprio coração no instante em que eles vibram em ressonância.

Os iniciados sempre disseram que no mundo da alma não existem distâncias, mas apenas força, radiação e vibração. Baseados na lei do amor divino, segundo a qual semelhante atrai semelhante, eles trabalham a partir do mundo da alma, em perfeita unidade e cooperação consciente onde quer que se encontrem no mundo da matéria. Por isso é tão importante que nos tornemos conscientes, o mais rápida e intensamente possível, da realidade onipresente e oniabarcante do mundo da alma, e que vivamos na matéria a partir do mundo da alma.

Essa é a verdadeira essência do trabalho do Rozenhof: tornar-se consciente de que o coração de todas as coisas se encontra em nosso próprio ser, mais próximo do que mãos e pés e, em sua força, viver a vida material em plena ligação e consciência.

Ao ouvirem a respeito do trabalho de cura e auxílio do Rozenhof, muitos alunos o revestem de um ar de mistério, imaginando o que, de fato, ele poderia ser. O ser humano é tão frágil e vulnerável e sua breve existência se baseia em equilíbrio tão tênue, que ele sempre está em busca dos mais diferentes meios que lhe proporcionem mais segurança e proteção. Por essa razão é tão importante compreender a essência do trabalho do Rozenhof, para que ele não seja colocado no mesmo nível das questões relacionadas ao problema insolúvel da finitude da vida e de suas intermináveis inquietações. No contexto do trabalho sacramental da Escola Espiritual, tudo o que se relaciona ao trabalho de cura do Rozenhof segue os mesmos princípios de autonomia, impessoalidade e liberdade. Ele não interfere no curso dos acontecimentos da vida do aluno, não estabelece vínculo pessoal de dependência, nem recomenda esse ou aquele tipo de tratamento ou prática médica. Toda a responsabilidade em relação a sua saúde e seus respectivos cuidados e tratamentos permanece sempre com o aluno, pois a tarefa do Rozenhof se concentra em oferecer auxílio impessoal para que a própria consciência-alma trabalhe em si.

É fundamental compreender tudo isso, pois muitos alunos solicitam sua ligação ao trabalho do Rozenhof quando, na verdade, deveriam apenas utilizar seus aparentes problemas e dificuldades como uma oportunidade de aprendizado e transformação. Desde a juventude fomos tão acostumados a transferir aos outros a responsabilidade por nossos problemas que talvez, sem perceber, também o façamos na Escola Espiritual. E quando ouvimos falar a respeito de um suposto trabalho de cura espiritual, isso pode soar de maneira quase irresistível a nossos mecanismos de transferência de responsabilidade e autovitimização. Por isso devemos compreender que o trabalho de cura e auxílio do Rozenhof não se presta a isso, pois ele não visa proporcionar nenhum benefício pessoal a uma consciência imatura e insegura, nem resolver seus problemas pessoais. O objetivo desse trabalho tão amoroso e sutil é bem outro! Trata-se de fortalecer, de maneira totalmente impessoal, a autonomia da consciência-alma em crescimento no aluno, para que ela mesma se liberte de suas mazelas.

E como isso é realizado? Esse trabalho se baseia em uma nova circulação de forças alicerçada na cooperação da nova consciência-alma com o núcleo espiritual em seu próprio sistema, simbolizados aqui pelo pão e o vinho. O pão significa a produção de uma radiação vital, uma nova energia de vida, a partir da purificação da consciência-alma, e o vinho indica a interação cada vez mais forte da consciência-alma com o fogo do espírito em seu ser, o que gera nova radiação ígnea, o fluido de uma nova consciência espiritualizada.

Em essência, esse deve ser o trabalho constante da consciência-alma no laboratório alquímico de seu ser, e para apoiá-la e sustentá-la nesse trabalho é que são formadas as Escolas Espirituais, por meio do auxílio impessoal de uma construção-alma coletiva, a qual denominamos de corpo vivo. Se esse é o próprio trabalho diário do aluno, já apoiado e sustentado pelo auxílio impessoal do corpo vivo, qual seria então a razão de um trabalho específico do Rozenhof? É bem possível que já nos tenhamos dado conta de quão frágeis e inconstantes somos, e de que se nos dispuséssemos a trilhar a senda interior de maneira individual e solitária, o resultado possivelmente seria nulo, pois sempre recairíamos em nossas habituais dificuldades. Portanto, muito provavelmente já nos tenhamos dado conta do aspecto essencial do trabalho em grupo, baseados no auxílio impessoal do corpo vivo da Escola Espiritual.

No entanto, podem ocorrer situações muito específicas, momentos muito delicados em que atravessamos uma dificuldade que nos pareça intransponível, como uma doença muito aguda e grave, ou um mal crônico que nos roube toda a energia vital, ou mesmo um choque emocional agudo, que abale a solidez de nossa consciência. Para essas situações extremas, que podem comprometer a capacidade de a consciência-alma levar adiante o seu trabalho, é que existe o auxílio impessoal do Rozenhof. Ele se estabelece por meio de uma ligação impessoal entre o aluno ou aluna em questão e o campo do Rozenhof, visando, mediante um puro fluxo de correntes etéricas e astrais, fortalecer a consciência-alma, para que ela atravesse tais situações da melhor maneira possível, e se mantenha desperta e lúcida em sua senda interior, enquanto, ao mesmo tempo, utiliza todos os meios práticos existentes a seu alcance para mitigar a situação em que se encontra.

Com isso queremos dizer que o aluno e a aluna deverão, de maneira diligente e responsável, procurar e seguir o melhor tratamento médico que esteja à sua disposição, cooperando ativamente com ele enquanto trabalha interiormente, prosseguindo em sua senda. Seria impensável que um aluno ou uma aluna buscasse tal auxílio da Escola na ilusão de que isso substituísse um tratamento médico, ou mesmo que, em uma atitude irresponsável, deixasse de se esforçar para resolver seus problemas reais e, quando eles o sufocassem por falta de providências práticas, esperasse que a Escola lhe prestasse assistência.

Cremos ter sido suficientemente claros a esse respeito, e se o fazemos dessa forma é porque já vivenciamos situações similares que demandam tal tipo de esclarecimento. Ainda sobre o trabalho do Rozenhof, é importante mencionar duas outras situações em que seu auxílio pode ser oferecido, desde que seja de fato solicitado pelo aluno ou aluna em questão. A primeira se relaciona às alunas gestantes e a segunda aos alunos e alunas que se submetem a procedimentos médicos ou cirúrgicos que demandam uma perda temporária de consciência.

Em relação às gestantes, é compreensível que durante a gravidez não somente o corpo físico, mas também os veículos sutis da futura mãe sejam extremamente demandados, pois deverão trabalhar pelas duas vidas que deles dependem. Sendo assim, caso a aluna em questão deseje, é possível oferecer-lhe o auxílio impessoal do Rozenhof que, nesse caso, visa apoiar o desenvolvimento sereno e saudável do bebê, ao mesmo tempo sustentando a futura mãe em sua amorosa tarefa, enquanto permanece interiormente voltada à realização do novo ser em si mesma.

Quanto aos procedimentos médicos ou cirúrgicos que envolvem a perda temporária da consciência, por anestesia ou sedação, o auxílio do Rozenhof também pode ser oferecido, caso o aluno ou aluna em questão solicite. Nesses casos, em que há interrupção involuntária e indeterminada da atividade da consciência, no momento do procedimento médico ou da cirurgia é estabelecida uma linha de força entre a consciência-alma e o campo de luz do coração do corpo vivo, visando sustentá-la durante o período em que permanecerá inconsciente. Essa linha de força, à qual se pede que o aluno ou aluna em questão se mantenha voltado, permanecerá ativa até que sua consciência tenha sido recobrada, bem como sua plena autonomia.

Esperamos que as informações simples e elementares a respeito do trabalho do Rozenhof sejam capazes de auxiliar sua melhor compreensão. Esse assunto pode suscitar dúvidas e questões, e a liderança da Escola Espiritual permanece à disposição para dirimi-las da melhor maneira possível. Mas o mais importante ainda precisa ser dito: trata-se de que todo esse trabalho se encontra mais próximo de nós do que podemos imaginar. Pois tudo isso se baseia na realidade de nosso trabalho diário, em nosso discipulado, que precisa ser realizado em nossa vida quotidiana. Sim, o trabalho do Rozenhof se baseia em um princípio espiritual, simbolizado pelo sacramento da Santa Ceia, a união do pão e do vinho, oferecidos como alimento vivificante, que indicam as novas correntes vitais da alma e a radiação da nova consciência espiritual. Essas novas correntes vitais e essa nova radiação fluem em nós e de nós, se geradas a partir de nosso próprio ser, como resultado do trabalho constante da consciência-alma, em nova atitude de vida, que deve construir o campo da nova vida no próprio ser do aluno. Esse é e deve ser o trabalho permanente, o trabalho de purificar e acrisolar nossa consciência-alma, libertando-a gradual e constantemente dos grilhões da velha consciência egocêntrica, gerando assim um novo fluxo de energias vitais, os quatro novos éteres do pão da nova vida. Ao mesmo tempo em que se demole o velho estado de ser, se eleva cada vez mais a consciência-alma e se a une ao fogo invisível do espírito no ser, gerando poderosa e crescente radiação em todo o ser, como o vinho dinamizante do espírito.

Na medida em que utilizamos todas as possibilidades oferecidas em nossa vida diária, na espiral do discipulado em que nos encontramos, e as aplicamos na realização constante dessa santa ceia interior, abrimo-nos para a poderosa torrente de forças que se encontram concentradas no corpo vivo da Escola Espiritual. Pela lei do amor divino, onde estiver o seu coração, lá também está o seu tesouro; no momento em que vibrar o "som fundamental" da nova consciência-alma em seu coração, ele estará mergulhado no coração do templo, na torrente de luz e força que nele jorra qual uma fonte borbulhante. E, juntos, eles também estarão unidos ao coração do corpo vivo, que irradia, qual força onipresente e oniabarcante, no campo de éter-luz do mundo da alma. Em seu coração, os três serão Um, e dessa unidade nascerá a Luz das Luzes!

Que a força, a luz e o amor do coração do corpo vivo esteja e permaneça com todos vocês!

LIGAÇÃO ORIGINAL

Estar desperto: essa é uma das condições necessárias para realizarmos o trabalho que nos dispomos a fazer na Escola. Apenas o ser humano que foi tocado por uma força totalmente nova, e estabeleceu contato íntimo com ela, possui as condições necessárias para o despertar.

De forma didática, é possível compreender que a manifestação do toque divino está disponível a todos os seres humanos. A partir do conhecimento universal, sabemos que Vulcano, o Sol divino, lança incessantemente seus raios a todos. Porém, cada ser humano tem uma tarefa: estar em prontidão para perceber os raios do Sol Divino. Prontidão não significa uma preparação prévia, ou anos de estudo; significa simplesmente uma vida vivida com sinceridade e uma busca incansável pela verdade.

Muitos seres humanos, por vezes muito jovens, possuem a necessidade de uma vida real, de uma vida pura, elevada e sincera. Esses buscadores se comportam como sedentos, como quem percebeu a vida comum como um deserto. Em situação como essa, é possível vivenciar uma experiência muito pessoal, o nascimento de um desejo puro por respostas. Se esse desejo se mantiver, nova vontade será ativada e funcionará como um ímã, como um pedido de respostas, como um clamor que parte do coração. E um pedido desses é sempre respondido.

Como dois polos de um sistema elétrico, o coração anelante por respostas recebe o impulso das radiações de Vulcano e assim se estabelece um contato de primeira mão entre o ser humano que busca e a força divina. Esse contato de primeira mão causa, por vezes, forte comoção interna, como um toque profundo na psique que provoca certa desorganização interna. O poder desse toque inevitavelmente coloca o ser humano diante de uma encruzilhada. Ou ele segue a intuição recém-nascida e aprofunda sua busca, transformando o débil anelo em algo poderoso, ou se assusta com a nova percepção recebida e procura abrandá-la. Mas como apagar o fogo? Seja qual for a decisão, a marca desse encontro interno nunca se apagará. A memória do toque será então parte da própria existência humana, e como um impulso, uma inquietude, passa a clamar por um espaço na consciência humana. É preciso que algo mude, é preciso transformar a si mesmo. Mas por onde começar?

É por meio do cabedal de conhecimento de segunda mão que todo buscador pode ser auxiliado em sua jornada. O conhecimento de segunda mão é formado por todo o conhecimento deixado em livros e contos, por aqueles que tiveram um contato íntimo com o Logos e, a partir da força divina original, descreveram suas experiências.

Para todo buscador há uma rede de apoio em sua caminhada. Portanto, como nos revela uma passagem do *Livro de Mirdad*: "O caminho que não oferece provisões ao viandante não merece a confiança deste".[17] A Escola Espiritual da Rosacruz Áurea também faz parte dessa rede de auxílio para o caminhar do candidato. Apesar do apoio, é preciso trilhar um caminho pessoal que parte do toque até a completa transformação estrutural. E a existência prévia de ligação de primeira mão é o único essencial. Sem isso, não é possível à boa vontade e à coragem vencerem as limitações que surgem no trato com a ligação de segunda mão.

Muitos são os alunos e alunas que relatam dificuldades, até mesmo cognitivas, para compreensão dos textos sagrados e dos serviços e conferências da Escola. Muitos são os jovens que con-

---

17. Naimy, M. *O Livro de Mirdad.*

sideram a linguagem da Escola complexa, apesar de toda a simplificação realizada nos últimos anos. Se houver a necessidade de intensificarem aquilo que eles já trazem em si mesmos, nada será de fato um problema, pois a simples presença na Escola será percebida como algo que acolhe e intensifica a ligação de primeira mão, mesmo que no início não compreendam muito bem como isso se dá.

A centelha divina, como um espelho constantemente iluminado pelo sol divino, precisa lançar sua luz para dentro do sistema do candidato. E para que a iluminação ocorra é fundamental que as emoções sejam amainadas. Assim como em um dia nublado não se vê a luz do Sol, um ser humano constantemente mobilizado pelas emoções não compreende plenamente a luz que habita em seu ser.

A ligação de segunda mão tem um papel muito importante. O conhecimento de segunda mão adquirido nas atividades oferecidas pela Escola são um guia, um auxílio para que, por meio do autoconhecimento, seja possível abrandar o turbilhão de emoções do dia a dia. Por melhores que sejam as lições transmitidas pela Escola, no final do dia cabe a cada aluno se esforçar para a realização do trabalho que chamamos de autorrendição. Ademais, cada fase da vida possui seus próprios desafios. Não cabe à Escola falar de autorrendição de algo que não se possui plenamente, como um corpo de desejos completo. É preciso oferecer um campo aberto e livre ao jovem e às crianças, um campo que não ative a aposição ou a crítica nessa fase tão intensa da vida. Em relação aos seres humanos que já possuem solidificados seus corpos astrais, jovens ou não, é preciso uma ação clara e direta. É preciso enfrentar uma batalha, o próprio desmascaramento!

Catharose de Petri e J. van Rijckenborgh sabiam que era preciso arriscar para encontrar na tenra idade seres prontos para essa tarefa em um curto espaço de tempo. Por essa razão fizeram uma conferência aos jovens, que mais tarde se transformou no livro *Reveille!*. A linguagem utilizada foi a mais contundente possível e sem nenhuma concessão, clara, sem símbolos ou subterfúgios, que chamava para a urgência de transformação todos aqueles que, tocados pela ligação de primeira mão, ansiavam como um grande impulso:

> Em agosto de 1962, numa época em que quase todos os valores, há muito estabelecidos, desmoronavam em virtude da cristalização, estávamos congregados em "Noverosa", Centro de Conferências da Mocidade situado na Holanda, com um grupo de centenas de jovens que vieram de vários países, impelidos pela necessidade interior de voltar a atenção novamente para o único objetivo da existência humana, bem como ajustar suas vidas à Senda que conduz à sua realização. Em vista da crescente crise psíquica em que se encontram incontáveis criaturas – e em particular os jovens – e as espantosas degenerescências que se apresentam por toda parte, resolvemos que tudo o que havia sido tratado na Conferência em Noverosa, seria reproduzido na íntegra e colocado à disposição de todos que assim o desejassem, para que, também esses, pudessem tornar-se conscientes de sua verdadeira finalidade na vida e reconhecessem o Caminho que, não obstante as circunstâncias exteriores aparentes, leva a uma vida de alegria e plenitude, e à realização da Grande Meta.

Na conferência que deu origem ao livro, a proposta era que o processo iniciático fosse realizado de forma completa em três anos. Ou seja, toda a reconstrução humana que vai do autoconhecimento, passa pela demolição do ego e atinge o novo estado de vida seria realizada em três ciclos anuais. Dois elementos são fundamentais para compreender o impulso e a expectativa que guiaram Catharose de Petri e J. van Rijckenborgh nessa proposta: primeiro, a existência de pessoas impelidas pela necessidade interior de que se lançassem sem reservas ao mistério fundamental do único necessário (ligação de primeira mão) e que, para tanto, fossem capazes de ajustar rapidamente sua vida à senda que conduz **à** realização de um novo ser humano.

Esses mesmos elementos estão presentes hoje em dia e nos fazem continuar a trabalhar em uma escola de mistérios. O reconhecimento de que ainda há na humanidade verdadeiros filhos do fogo, que impulsionados pelo toque original aceitam a tarefa de ajustar sua vida em um processo de autorrendição, justifica a continuidade deste trabalho. Por outro lado, precisamos estar atentos à manutenção de um campo anímico. Um campo acolhedor que não conduz a uma ruptura com a raiz do egocentrismo. Este campo se justifica pela necessidade de muitos seres humanos que, ao serem tocados, precisam de mais experiências na vida. E também porque há jovens e crianças que precisam estabelecer contato com este campo sem nenhuma pressão de transformação, pois não atingiram a maturidade de seus corpos sutis.

Por fim, é preciso compreender que um campo anímico é mantido e formado por todos aqueles que, guiados pela força da centelha espiritual em seu cora**ção**, têm a coragem de derrubar as barreiras que impedem que o amor possa fluir em nós e para os demais, como explicou Rumi. Esse é maior mistério que um aluno pode reconhecer em sua vida: ele próprio ser uma escola de mistérios.

A grande esperança que conduz nosso trabalho é que cada aluno possa avançar e derrubar sua estrutura egocentralizada e assim possa auxiliar na manutenção de um polo irradiador anímico impessoal. Um campo puro e elevado para todos aqueles com quem têm contato, sejam eles membros de sua família, seus filhos ou estranhos.

Que possamos irradiar a força presente em nós, sem esperar nada em troca. Que sejamos sábios para aceitar cada pessoa como ela é, e trabalhar em prol de todos sem buscar resultados objetivos.

Que reconheçamos cada vez mais a alegria do Sol divino que irradia em nós e através de nós.

REFERÊNCIAS BIBLIOGRÁFICAS

BÍBLIA SAGRADA. Nova Versão Internacional. Santo André, SP: Geográfica Editora, 2018.

BLAVATSKY, Helena P. *A voz do silêncio.* São Paulo: Ed. Pensamento, 2010.

COMENIUS, J. A. O único necessário. Jarinu, *São* Paulo: Pentagrama Publicações, 2015.

LAYTON, Bentley. *As Escrituras Gnósticas*. Edições Loyola, 2002.

NAIMY, Mikhail. *O Livro de Mirdad.* Jarinu, São Paulo: Ed. Pentagrama, 2014.

RIJCKENBORGH, Jan van. *As núpcias alquímicas de Christian Rosenkreuz.* São Paulo: Lectorium Rosicrucianum, 1996.

__________. *O mistério das bem-aventuranças.* Jarinu, São Paulo: Ed. Rosacruz, 2007.

__________; PETRI, Catharose de. *A gnosis chinesa:* comentários sobre o Tao Te King de Lao Tsé. Jarinu, São Paulo: Ed. Rosacruz, 2010.

__________. *O novo homem.* Jarinu, São Paulo: Pentagrama Publicações, 2016.

__________. *O mistério da vida e da morte.* Jarinu, São Paulo: Pentagrama Publicações, 2017.